KB199543

하나님 임재에 압도되다

Originally published in English under the title

The Fire of God's Presence

by A. W. Tozer

Copyright ⓒ 2020 by James L. Snyder
Published by Bethany House Publishers
a division of Baker Publishing Group,
Grand Rapids, Michigan 49516 U.S.A.
All rights reserved.

This Korean Translation Copyright © 2023 by Kyujang Publishing Company

A. W. 토저 마이티 시리즈(A. W. TOZER Mighty Series)

토저는 교인수의 성장을 위해서라면 대중의 인기에 야합하고, 거대 기업의 경영방식을 무차별 차용하고, 할리우드 엔터테인먼트 방식을 예배에 도입하는 것에 대해 통렬한 비판을 가하였다. 그는 현대의 교회가 물량적 성장을 위해서라면 교회의 순결성을 포기하는 듯한 자세를 보일 때는 그것을 좌시하지 않고 언제나 선지자의 음성을 발하였다. 듣든지 안 듣든지 이스라엘 교회의 세속화를 준열히 책망했던 예레미야처럼, 토저도 시대에 야부하지 않고 하나님교회의 순정성(純正性)을 파수하기 위해 '강력한'(Mighty) 말씀을 선포했다. 그래서 토저는 '이 시대의 선지자'라는 평판을 들었다. 토저가 신앙의 개혁을 위해 외쳤던 뜨겁고 강력한 메시지를 이 시대의 우리도 들어야 한다. 말씀과 성령에 의한 개혁이 절실히 필요한 이때, 규장에서 토저의 강력한(Mighty) 메시지들을 'A. W. 토저 마이티(Mighty) 시리즈'로 출간한다.
"토저의 설교는 설교단에서 발사되어 청중의 마음을 관통하는 레이저 광선과 같다." - 워런 위어스비

A . W . T O Z E R

THE FIRE OF
GOD'S PRESENCE

하 나 님
임 재 에
압 도 되 다

A.W. 토저

MIGHTY SERIES 35

규장

임재 가운데로 이끄시는
하나님

A. W. 토저에게 하나님의 임재, 특히 우리가 느낄 수 있을 정도로 분명한 하나님의 임재보다 더 중요한 주제는 없었다. 이 주제는 토저 박사의 사역과 삶을 지배했다. 그의 친구 중 한 사람이 이를 잘 보여주는 사건에 대하여 이야기해주었다.

토저는 종종 미국의 도처에서 수련회 강사로 일하곤 했다. 한창 때에 그는 수련회, 대학, 그리고 교회에서 꽤 인기 있는 강사였다.

어느 해 여름 수련회에서 토저 박사는 저녁 7시 예배 때 설교하기로 되어 있었다. 하지만 예배가 시작할 시간이 되었는데도 그의 모습은 전혀 보이지 않았다. 일단 예배는 시작되었고, 사람들은 그가 늦더라도 설교시간에는 맞춰서 도착할 것이라고 생각했다. 그러나 시간이 흘러가도 토저는 나타나지 않았고, 결국 다른 사람이 대신 설교단에 올랐다.

다음날 아침 그 친구가 토저 박사와 우연히 마주쳤고, 그에게 "어젯밤에 어디에 계셨습니까? 우리는 목사님이 오셔서 설교하시기를 기다렸습니다"라고 말했다.

토저는 그 친구를 바라보며 "어젯밤에는 내게 더 중요한 약속이 있었습니다"라고 조용히 대답했다고 한다.

나중에야 토저에게 무슨 일이 있었는지를 알게 되었다. 그날, 토저는 점심식사 후에 무릎을 꿇고 기도하며 하나님을 경배하기 시작했고, 하나님의 임재에 완전히 몰두해서 시간 가는 줄 몰랐던 것이다!

토저가 잘 아는 대부분의 교회들이 하나님의 임재를 믿지만, 그분의 임재를 실제로 체험하는 교회들은 극소수라는 것이 토저에게는 큰 걱정거리였다.

토저 박사가 좋아하는 성경의 사건 중 하나는 모세가 불붙은 떨기나무 앞에 서게 된 사건이었다. 토저는 떨기나무 앞에서 모세가 체험한 일에 대단히 매료되었다. 그리고 모세가 그 산에서 체험한 일이 오늘날 우리에게도 얼마든지 일어날 수 있다고 믿었다. 물론, 똑같은 방식으로 일어나지는 않는다 해도 확실히 우리는 모세가 체험한 하나님을 체험할 수 있다.

토저의 견해에 의하면, 신자가 하나님의 임재를 체험할 때 생기는 큰 변화 중 하나는 그가 세상에서 철저히 분리되는 것이다. 토저는 세상의 문화가 교회 안으로 들어오도록 내버려 두는 것에 대하여 단호히 경고했다.

사드락과 메삭과 아벳느고, 그리고 극렬한 풀무불에 관한 이야기를 생각해보라. 느부갓네살 왕은 이 세 사람이 왕과 그의 우상을 경배한다면 여호와를 경배하는 것을 전혀 문제 삼지 않겠다는 태도를 보였다.

"양쪽 다 섬겨도 무슨 해가 생기겠느냐?"

이것이 느부갓네살 왕의 생각이었다.

오늘날 우리의 귀에는 "세상을 그리스도께 인도하기 위해 세상을 교회 안으로 끌어들여야 한다"라는 말이 들린다. 그러나 토저가 이 말을 듣는다면, 이 말이 성경의 교훈에 어긋난다고 강변할 것이다. 오히려 교회는 세상으로 들어가 예수 그리스도의 복음을 선포해야 한다.

    하나님의 분명한 임재를 체험하면, 세상으로 들어가 복음을 전할 준비를 갖추게 되는 것이다. 그리고 그분의 임재를 체험하면 우리 자신을 세상에서 분리시키게 되고, 그분이 원하시는 방법에 따라 그분을 예배하게 된다.

    토저는 하나님을 예배하는 방법을 우리가 결정할 수 없다는 점을 강조한다. 이 점에서는 우리에게 선택권이 없다. 그분의 조건들에 따라 그분을 예배하든지, 아니면 전혀 예배하지 않든지 둘 중 하나만 가능하다.

    일단 하나님을 찾아서 체험하게 되면 그 밖의 다른 어떤 것에서는 만족을 얻을 수 없게 된다. 이런 현상은 좋은 것이다.

    이 책의 인도를 받아 산에 오르자. 그곳에서 불붙은 떨기나무를 통해 하나님을 충만히 체험하자.

제임스 L. 스나이더

7

THE FIRE OF GOD'S PRESENCE

임재의 체험으로
이끄시다

PART 01

불붙은 떨기나무 앞에
선 모세

이에 모세가 이르되 내가 돌이켜 가서 이 큰 광경을 보리라
떨기나무가 어찌하여 타지 아니하는고 하니 출 3:3

"하늘에 계신 자비로운 아버지! 당신의 임재 안에 거하는 것이 제 삶의 큰 기쁨이나이다. 오, 아버지! 당신 앞에 있을 때 저는 당신의 눈에 제가 어떻게 보이는지를, 당신이 저를 어떻게 생각하시는지를 진정 발견할 수 있나이다."

어떤 주일학교 선생님이 불붙은 떨기나무 앞에 있는 모세에게서 얻을 수 있는 교훈을 가르치고 있었다. 선생님은 학생들에게 이렇게 설명했다.

"모세는 위대한 과학자였어요. 그는 관찰력이 뛰어난 사람이었는데, 떨기나무 안에서 타고 있는 불을 보았을 때 그의 과학자적 기질이 발동해서 '가까이 가서 잘 살펴보자'라고 말했던 것입니다."

떨기나무 앞에 있는 모세에 대한 해석들 중에서 이 선생의 해석보다 더 잘못된 것은 없을 것이다. 애당초 모세는 떨기나무에 불이 붙었으나 그 떨기나무가 사라지지 않는 것을 의아하게 여겼다. 나는 불붙은 떨기나무 앞에 있던 모세에게 무슨 일이 일어난 것인지를 설명하기 위해 철학이나 심리학에 의존하지 않을 것이다. 인간의 관점에서 볼 때, 이 기이한 사건은 설명은 고사하고 이해조차 되지 않는 일이기 때문이다.

나는 이 책에서 신학에 기반을 두고 모든 이야기를 하게 될 것이다. 내가 사용하는 '신학'이라는 단어는 '하나님'을 의미하는 '떼오'(theo)와 '연구'라는 뜻의 '올로기'(ology)가 결합되어 만들어진 단어다. 그러므로 나는 '하나님에 대한 연구'를 하게 되는 것이다. 나는 내가 그분을 연구할 수 있도록 그분이 마련해주신 환경 안에서 그분을 연구하기 원한다.

그렇지만 내가 이해한 것을 전달하려고 애써 노력하지는 않을 것이다. 내가 이해한 것이란 오로지 인간적인 것에 불과하기 때문이다. 그보다는 당신이 하나님의 임재의 불을 체험하기 원한다. 당신과 내가 모세와 동일한 방법으로 하나님을 체험할 수는 없겠지만, 우리도 그분의 분명한 임재를 체험할 수 있다.

왜 그때, 그 자리였을까?

성경과 교회의 역사 속에서 주 예수 그리스도 다음으로 가장 많이 알려진 인물은 모세라고 말하고 싶다. 모세만큼 뛰어난 자질들을 갖춘 사람은 없을 것이다. 우리가 이 책에서 탐구해볼 것은, 그 모세가 불붙은 떨기나무 앞에서 어떻게 자신의 정체성을 발견했는가, 그리고 그 사건이 그의 삶에 어떤 영향을 미쳤는가 하는 것이다.

산지에서 불을 보는 것이 그리 진기한 일은 아니었을 것이다. 문제는, 이 불붙은 떨기나무에 무슨 특별한 점이 있었기에 모세가 무릎을 꿇었는가 하는 것이다. 어째서 모세는 유독 이 떨기나무 앞에서만 무릎을 꿇었는가? 이 떨기나무의 어떤 점

때문에 그는 거기서 하나님을 발견했으며, 또 자신의 정체성을 발견했는가?

모세가 이 불붙은 떨기나무에 다가갔을 때 그의 나이는 80세였다(행 7장). 당신이 모세의 이야기를 기억하고 있다면, 모세가 생애의 처음 40년을 애굽에서 보냈다는 것을 잘 알고 있을 것이다. 거기서 그는 결국 최고의 지배층까지 올라갔고, 애굽에서의 그의 미래는 매우 밝았다. 어쩌면 바로의 뒤를 이어 애굽의 왕이 되었을지도 모른다. 그러나 그는 40세의 나이에 히브리 노예를 공격한 애굽 사람을 죽인 후 산지로 도망쳤다.

이 사건을 생각할 때, 나는 모세가 상상을 초월하는 혼란에 빠졌을 것이라 여겨진다. 그는 자기가 동족 이스라엘을 도울 수 있을 것이라고 생각했다. 그러나 그의 노력이 실패로 끝나자 도망쳐서 숨었다. 그때 그는 자기 인생이 진짜 끝났다고 생각했을 것이다. 그러나 바로 그 은신의 시간에 모세는 자신의 정체성을 발견했다.

내가 삶에서 여러 번 깨달은 것이 있다. 때로 하나님은 내가 좋아하지 않는 방향으로 나를 이끄시는데, 그것은 나를 위한 '더 높은 계획'을 갖고 계시기 때문이라는 것이다. 만약 모세가 여전히 애굽에 있었다면, 하나님께서는 마땅히 이루어져야 했던 일을 모세에게 행하실 수 없었다. 애굽이 모세에게 끼쳤던 영향을 말끔히 씻어내고 그가 자신의 사명을 위해 준비되도록 하려면, 하나님께서는 그를 40년 동안 산지에 두셔야 했다!

산지에서 하룻밤을 보내며 모세와 마주 앉아 얘기를 나눈다면 무척 좋을 것 같다. 애굽에서 도망친 모세가 산지로 온지 몇 년이 지나면서 애굽에 대한 그의 기억은 점점 희미해지기 시작했을 것이다. 그리고 별이 빛나는 밤, 집 밖에 나와 앉았을 때 그는 아마도 '내 인생은 아무 의미가 없구나!'라고 생각하기 시작했을 것이다.

우리도 모세처럼 낙심에 빠지는 경우가 허다하다. 최선을 다하지만 아무것도 이루어지지 않는다. 그럴 때 '나는 끝났구나!'라고 생각되고, 인생에 아무 목적이 없다고 느껴진다. 그러나 정확한 때에, 정확한 장소에서 하나님은 우리의 눈이 보지 못했던 문을 열어주실 것이다! 나는 그것을 가리켜 '변화의 체험'이라고 부른다.

떨기나무 이전과 이후

모세의 삶의 처음 80년은 '불붙은 떨기나무의 체험'을 위해 그를 준비시키고 또 그를 그 체험으로 이끌어준 기간이었다. 그리고 그 체험은 그의 삶뿐만 아니라 그 이후의 역사를 전부 바꾸어놓았다!

모세는 여러 면에서 선한 사람이었다. 떨기나무 체험 이전의 그의 삶은 오늘날의 그리스도인들 대부분의 삶과 매우 흡사했다고 나는 믿는다. 우리는 주님을 기쁘게 해드리려고 애쓰지만, 우리 노력의 대부분은 실패로 끝난다. 그런 다음에는 긴 건기(乾期)가 찾아오는데, 우리가 보기에는 그 기간에 아무 일도 일어나지 않으며, 하나님께서도 우리를 사용하실 수 없다고 우리는 생각한다. 우리는 이미 인생의 은퇴기에 들어왔다고 생각하게 된다.

틀림없이, 우리는 선한 사람들이고 선한 일들을 행하려고 애쓴다. 자기의 민족을 위해 일하겠다는 열정이 모세에게 있었듯이, 오늘날의 그리스도인들에게도 그런 열정이 있다. 이런 현상은 우리 주변에서 얼마든지 발견된다. 모세의 문제는 하나님을 알지 못했다는 것이고, 그분이 자기를 어떻게 사용하기 원하시는지를 몰랐다는 것이다. 이것이 우리가 여기서 알아야 할 아주 중요한 점이다.

선한 일을 행하는 것만으로는 충분하지 못하다. 선한 일은 누구나 행할 수 있다. 비그리스도인과 무신론자도 선한 일을 행할 수 있다. 중요한 것은 당신이 무엇을 행하느냐 하는 것이 아니라, 누가 당신을 통해 일하느냐 하는 것이다.

모세는 불붙은 떨기나무 앞에서 변화를 체험했다. 그는 인생에서 처음으로 자신의 진정한 정체성을 발견했다. 모세의 인생에서 처음 80년은 이제 지나갔다. 그 80년은 그 이후에 일어날 일을 위한 준비의 과정이었다.

하나님의 관점으로 보라

오늘날의 그리스도인들에게 꼭 필요한 체험은, 모세처럼 불붙은 떨기나무 앞에 서서 하나님의 관점으로 본 자신의 정체성을 발견하는 것이다.

모든 사람은 자기가 행하기 원하는 것에 대한 꿈을 갖고 있지만, 우리의 꿈은 우리의 제한된 관점에 근거한 꿈일 뿐이다. 우리가 영원의 관점에서 볼 수 있다면 우리의 삶이 어떻게 바뀔까? 하나님의 눈으로 우리를 볼 수 있다면 우리의 삶은 어떻게 바뀔까?

모세는 40년 동안 산지의 이곳저곳을 돌아다니며 양 떼를 돌보았다. 그의 삶은 너무나 지루했을 것이다. 본래 그는 애굽의 교육 제도가 줄 수 있는 모든 것을 배웠던 사람이 아니었던가! 그런 사람이 산지에서 살고 있었다. 적어도 겉보기에는 의미 없는 일을 하면서 말이다. 수년 동안, 아니 수십 년 동안! 생각해보자. 만일 그가 79세에 죽었다면 지금 우리는 그에 대한 이야기를 들을 수 없을 것이고, 그를 아는 사람도 없을 것이다.

모세의 이야기에서 흥미로운 점은 하나님의 타이밍이 나의 타이밍과 다르다는 것이며, 그분이 나를 만나주시는 장소를 내가 선택할 수도 없다는 것이다. 모세는 모든 면에서 그분께 무릎을 꿇어야 했다. 그는 모든 것을 포기해야 했고, 심지어 그의 민족을 등지고 떠나야 했다. 그랬기 때문에 하나님께서 그를 불붙은 떨기나무로 인도하셨던 것이다.

모세에게 주어졌던 그런 사명을 감당하라고 80세의 노인을 선택해서 보낼 사람이 있을까? 그런 일을 이루려면 에너지 넘치는 젊은이들이 필요하다는 것이 오늘날 우리의 사고방식이다. 그러나 기억하라. 하나님의 계획들이 우리의 계획들과 일치하는 경우는 거의 없다. 그분의 생각은 우리의 생각을 훨씬 초월한다. 우리는 인간적 사고의 한계에 묶여 있기 때문이다. 하나님께서 어떤 일을 누군가에게 맡기실 때는 그 사람에게 그분의 권세와 무한한 자원이 허락된다.

나 자신이 체험해야 한다

애굽에서 도망 나온 모세는 산지의 어떤 가족을 알게 되었고, 그 가족의 딸과 결혼했다. 아마 그는 자기의 삶이 안정기로 들어갔다고 생각했을 것이다. 그렇다면, 그것이 그의 삶의 마지막 단계였을까? 그가 몰랐던 것은 하나님이 그를 지켜보고 계셨다는 것이다! 그는 불붙은 떨기나무를 체험하면 자신의 삶이 얼마나 바뀔 것인가를 몰랐다.

나는 이 책에서 모세의 떨기나무 체험을 더 잘 이해하고자 했다. 앞에서도 말했듯이, 그의 체험을 교육적 관점이나 철학적 관점에서 이해하는 것이 아니라 신학적 관점에서 이해하고자 했다.

나는 그가 무엇을 체험했는지, 그 체험이 그를 어떻게 바꾸고 변화시켰는지, 그리고 당신과 나도 그런 하나님의 임재의 불을 어떻게 체험할 수 있는지를 알기 원한다. 우리가 오늘날 진정으로 하나님께 쓰임 받으려면, '우리 자신의' 불붙은 떨기나무 체험을 놓치지 말아야 한다.

＊

너, 맑고 깨끗하게 흐르는 물아!

네 주님이 들으실 음악을 만들어라

알렐루야! 알렐루야!

너, 솜씨 좋고 밝은 불아!

네가 인간에게 따스함과 빛을 모두 주는구나

오, 그분을 찬양하라, 그분을 찬양하라!

알렐루야! 알렐루야! 알렐루야!

—

앗시시의 성 프랜시스(1181/82~1226), 윌리엄 H. 드레이퍼(1855~1933)
〈우리 하나님과 왕의 모든 피조물들아!〉

하나님의 임재 체험을 위한 기초

지금 우리가 하는 말의 요점은 이러한 대제사장이 우리에게 있다는 것이라
그는 하늘에서 지극히 크신 이의 보좌 우편에 앉으셨으니 히 8:1

"전능하신 하나님! 제 마음이 당신을 지극히 갈망하고, 당신의 임재를 체험하기를 간절히 원하나이다. 오늘날 제 마음 속에 있는 당신의 말씀은 제 순종을 위한 발판이 될 것이나이다."

그리스도인으로서 내가 여러 해 동안의 경험에서 얻은 기쁨 중 하나를 말해보라면, '하나님의 임재 안에 거하는 것'이라고 말하고 싶다. 이 땅에서의 날들을 가장 복되게 해주는 것은 그분이 내 안에 계실 뿐만 아니라 나 또한 그분 안에 있다는 것을 아는 것이다!

그분의 임재 안에 있다는 것이 무엇을 의미하는지를 알려면, 그분의 임재가 우리에게 어떤 영향을 주는지 알아야 한다. 히브리서는 "하늘에서 지극히 크신 이의 보좌 우편에"(히 8:1) 앉아 계신 대제사장의 모습을 우리에게 보여준다. '하늘에 계신 지극히 크신 분'이 의미하는 것은 무엇인가? 불붙은 떨기나무를 체험하려면 우리는 어떻게 준비해야 하는가?

하나님을 깊이 생각하라

가장 먼저 해야 할 일은 우리가 하나님께 집중하는 것이다. 그분이 어떤 하나님이셨고, 현재 어떤 하나님이시며, 또 장차 어떤 하나님이실 것인지 깊이 생각하는 것이다. 내가 말할 수 있는 거의 최상의 것은 하나님, 즉 '지극히 크신 분'이 하늘에 계심을 믿는 것이 우리 기독교 신앙의 초석이라는 것이다.

이런 믿음은 인간의 건강한 정신을 위한 초석이기도 하다.

만일 하나님을 우리의 생각과 우주에서 배제한다면 우리는 호기심을 자아내는 희한한 유골(遺骨)에 지나지 않게 되는데, 그것이 무엇의 유골인지를 아는 사람은 아무도 없을 것이다. 하나님을 우리의 생각에서 제외하고 우주 밖으로 내보낸다면, 존재하지도 않았고 존재하지도 않는 그 무엇에 대한 깊은 동경만이 우리에게 남게 될 것이다.

하나님이 존재하시며 주권을 가지신 '하늘에 계신 지극히 크신 분'이시라는 사상은 인간의 도덕의 기초가 되기도 한다. 그분의 존재를 의심하거나 아예 믿지 않는 사람과 그분을 두려워하는 사람 사이에는 엄청난 차이가 있다. 우리가 그분에게서 왔다는 것을 믿으면 도덕적 선견지명이 점점 더 뚜렷해지는데, 다른 방법으로는 도저히 이런 선견지명을 얻을 수 없다. 우리가 몸으로 행한 죄악의 행동에 대하여 장차 하나님께 직고(直告)하게 될 것임을 아는 지식은 우리의 영혼을 온전히 지켜주는 강력한 힘이 된다.

신자로서 우리는 하나님을 두려워해야 한다. 그리고 그분이 우리의 모든 선한 행위와 악한 행위를 심판하실 것임을 알아야 한다. 우리가 그분에게서 왔으며 다시 그분께 돌아가야 한다는 것을 믿지 않는다면, 인간의 본질을 정확히 아는 것은 불가능하다. 우리의 반석, 즉 하나님을 믿는 믿음이 우리에게 있어야 한다.

전해져오는 이야기에 따르면, 성 패트릭(Saint Patrick, 5세기 아일랜드에서 활동한 잉글랜드의 선교사)은 날마다 소리 내어 다음과 같이 기도했다고 한다.

오늘도 저는 일어납니다.

강한 능력을 통해,

즉 삼위일체 하나님의 임재를 구하는 기도를 통해,

피조 세계의 창조자가 '세 분이심'(Threeness)을 믿는 믿음을 통해,

창조자의 '한 분이심'(Oneness)에 대한 고백을 통해.

그렇다! 우리가 아침에 일어났을 때 천지를 만드신 전능하신 아버지 하나님을 믿는 믿음과 그분의 무소불위의 능력이 우리에게 충만해야 한다.

우주를 다스리시는 중앙 통제소

성경의 교훈에 의하면, 우주는 피조 세계다. 제일 성능이 뛰어난 망원경을 통해서 발견할 수 있는 가장 멀리 있는 별부터

현미경으로 볼 수 있는 가장 작은 세포에 이르기까지 우리 주변의 모든 것이 피조 세계다. 그런데 이 방대한 단일 체계 안에 있는 모든 것들은 연합되어 조화를 이루며 작동한다.

만일 우주의 모든 것들이 서로 독립되어 따로 논다면, 이 방대한 우주에는 암적(癌的) 존재가 생길 것이다. 하나님은 모든 것들을 모아서 서로 연결시키시기 때문에 그것들은 독립적인 존재가 되지 않고 상호의존적 존재가 된다.

더 나아가 성경은 우주라고 불리는 '서로 맞물려 있는 이 거대한 체계'에 중앙 통제소가 있다고 가르친다. '우주'라는 뜻의 영어 단어 '유니버스'(universe)에서 '유니'(uni)는 '하나'라는 뜻이다. 이 중앙 통제소가 '하나님의 보좌'라고 불린다. 바로 이 중심부에서 온 우주를 통제한다.

중추적 기능을 담당하는 중앙 통제소가 인간의 몸 같은 유기체에게 없다면, 그 유기체는 정상적으로 작동하지 않을 것이다. 모든 조직에는 머리가 있어야 하는데, 그렇지 않으면 조화와 조정과 협동과 생명이 있을 수 없다. 단순한 그룹부터 세상의 가장 큰 제국까지 모든 조직들이 마찬가지다.

이 중앙 통제소, 즉 하나님의 보좌로부터 그분은 영원한 계획에 따라 그분의 우주를 다스리신다. 그분의 영원한 계획 속에는 모든 것들이 포함된다. 모든 것들을 뜻하는 '만유'(萬有)라는 두 글자가 성경에 종종 등장한다. 만유는 저 위에 있는 하늘보다 크고, 만유 안에 있는 모든 행성들보다 크다. 우리에게는 '하늘에 계신 지극히 크신 분'이 계시다. 그분은 그분의 보좌에 앉아 계시고, 그분의 우편에 또 한 분이 계시다. 그 또한 분이 누구이신가? 그분은 인간이 만들지 않고 하나님께서 만드신 성소에서 섬기는 예수 그리스도이시다!

반역의 무리를 위하여 오신 그리스도

그렇다면 그리스도께서 그 성소에 계신 이유는 무엇인가? 그것은 상호간에 의존하고, 서로 관련 있으며, 함께 맞물려 있는 이 우주의 모든 부분 중에서 오직 한 부분이 반란을 일으키며 이렇게 말했기 때문이다.

"우리는 머리의 지배를 받고 싶지 않다. 우리는 보좌의 통치를 받지 않을 것이다. 우리의 지배자는 우리 자신이 될 것이며, 우리는 이 큰 바벨론을 하늘까지 건설할 것이다. 하나님이 우리를 다스리시는 것을 용납하지 않을 것이다."

우리가 '인류'라고 부르는 이 반역의 무리는 빙빙 도는 작은 구(球), 즉 지구에 거주하고 있다. 하나님은 그 반역의 무리를 단번에 쓸어 없애버리실 수도 있었다. 하지만 실제로는 어떻게 하셨는가? 그 반란의 무리를 속량하여 그분의 보좌 앞으로 다시 나아오게 하기 위하여 그분의 독생자를 보내셨다.

죄인은 하나님의 보좌의 정당성을 인정하지 않는다. 그는 자신을 다스릴 권리가 그분께 있다는 것을 받아들이지 않는다. 그가 그분에 대하여 말하고, 그분께 호소하고, 그분의 이름을 사용하는 일이 있을 수도 있지만, 그분께 순종하지는 않는다. 하지만 죄인이 회개하고 거듭나면 과거의 세계, 즉 반역의 옛 땅을 떠나 그분의 나라로 들어가 그분의 통치 아래에 있게 된다. 구원은 그토록 간단한 것이다.

우리 모두가 예수님의 교훈에 따라 세례를 받아야 하는 것은 맞지만, 세례를 받는다고 하나님의 나라로 들어가는 것은 아니다. 정기적으로 교회에 출석해야 하지만, 교회 출석이 하나님의 나라에 들어가는 방법은 아니다. 기도한다고 해서 그곳에 들어가는 것도 아니다. 이생의 삶이 끝날 때까지 기도해도, 하루 24시간 내내 기도해도 들어갈 수 없다. 과거의 반역의 땅에서 당신을 이끌어내어 그분의 나라로 데리고 들어가 그분의 보좌의 지배를 받도록 해주실 분은, 오직 주 예수 그리스도이시다!

우리를 구원하기 위하여 하나님이 인간이 되셨다. 그리스도 예수께서는 반역의 무리를 다시 하나님께 이끌고 가기 위하여 자신의 생명을 내놓으셨다.

하나님의 메시지는 우리 가운데 계셨던 분이 보좌에 앉아 계신다고 전한다. 이 메시지를 듣고 초대교회 신자들은 벅찬 감동을 느꼈다. 만일 성령 세례를 받은 초대교회 신자들이 지금 여기에 있다 해도, 그들은 오늘날의 목사들을 흥분시키는 정치 문제나 경제 문제에 대하여 말하지 않을 것이다. 초대교회 사람들은 하나님, 보좌, 아버지의 우편에 계신 그리스도, 그리스도의 재림, 만유의 완성, 악의 멸망, 세상의 정결 그리고 하늘의 정화에 대하여 언급했다.

초대교회의 새 그리스도인들은 어디에서든지 분명히 "우리 가운데 계셨던 분이 하나님과 동등한 지위에 계시고, 능력과 권위에서 하나님 다음이시고, 하늘과 땅의 모든 권세를 받은 분이심을 알았는가?"라고 선포했다.

그리스도와 연합하는 삶

하나님과 연합한 사람은 승리한 사람이다. 그러므로 우리가 그분 안에 있다면 우리는 승리한 사람이다. 그리스도인들은 그들의 본성이 성육신의 신비를 통해 하나님의 본성과 연합했다는 것을 알아야 한다. 그리스도께서 십자가에서 죽으시고 부활하셔서 각각의 그리스도인들을 그분의 몸에 연합시키셨을 때, 그분의 목적은 그분이 하나님의 우편에서 누리는 큰 특권과 승리를 우리에게도 주시는 것이었다.

예수님은 아직 우리에게 믿음이 없었을 때 그분이 하나님의 마음 안에서 차지하시는 위치를 우리도 차지할 수 있다는 것을 깨우쳐주기 위해 최선을 다하셨다. 우리가 그럴 만한 자격이 있기 때문이 아니라, 그럴 만한 자격이 있으신 그분이 우리의 머리이시기 때문이다. 그리스도 예수는 승리의 사람으로서 하나님 앞에 선 대표자이시다. 그분은 우리가 본받아야 할 모범적 인간이시다. 그렇기 때문에 주님은 우리를 그냥 내버려두지 않으실 것이다.

나는 우리가 하나님, 즉 '하늘에 계신 지극히 크신 분'을 향해 우리의 눈을 들어야 한다고 말하고 싶다. 우리와 같은 한 분이 하나님의 우편에 계신 것을 보려면 눈을 들어 경건한 마음으로 주의 깊게 살펴야 하기 때문이다. 나는 우리 모두가 이렇게 말할 수 있기를 바란다.

"그리스도께서 거기에 계시다면, 나도 거기에 있을 수 있다.

하나님께서 그리스도를 받아주셨다면, 나도 하나님 안으로 받아들여질 수 있다. 하나님이 그분을 사랑하신다면, 나도 사랑하신다. 그리스도께서 안전하시다면, 나도 안전하다. 그분이 정복하셨다면, 나도 정복할 수 있다. 그분이 승리하셨다면, 나도 승리할 수 있다."

"나로 말미암지 않고는 아버지께로 올 자가 없느니라"(요 14:6)라는 예수 그리스도의 말씀을 늘 기억하면서, 그분 안에서 하나님의 얼굴을 구하자. 우리 모두 함께 그런 훈련을 하자. 하나님의 마음 안으로 들어가 거기서 승리의 삶을 살자.

✳
성령님!
오셔서 우리의 마음에 감동을 주소서.
당신의 능력이
과거 선지자의 불의 원천이었음을,
생명과 사랑의 샘이라는 것을
우리가 증명하게 하소서.

—
찰스 웨슬리(1707~1788)
〈성령님! 오셔서 우리의 마음에 감동을 주소서〉

하나님의 임재를
드러내는 성막

내가 주의 영을 떠나 어디로 가며

주의 앞에서 어디로 피하리이까 시 139:7

"오, 하나님! 제 상황이 어떠하든지 당신이 함께 계십니다.
당신의 임재는 제가 누구인지를 분명히 밝혀줍니다. 제 정
체성이 당신 안에 있으므로 당신을 찬양하나이다. 오, 하나
님, 예수님의 이름으로 당신을 찬양하나이다."

내가 계속해서 논하고 싶은 기본 진리는 이것이다. 하나님께서는 우리가 그분을 알고, 그분과 함께 살며, 그분을 즐거워하도록 우리를 창조하셨다. 그러나 인류는 그분 앞에 반역의 죄를 범해 왔다. 사람들은 하나님과의 관계를 끊어버렸다. 성경에 의하면, 우리는 그분에게서 멀어졌고 그분과 모르는 사이가 되었다. 그분을 향한 우리의 사랑과 신뢰는 사라졌고, 무엇보다도 우리는 더 이상 그분의 임재를 즐거워하지 않게 되었다.

그러나 다윗이 말했듯이, 주님은 어디에나 계시다.

"내가 주의 영을 떠나 어디로 가며 주의 앞에서 어디로 피하리이까 내가 하늘에 올라갈지라도 거기 계시며 스올에 내 자리를 펼지라도 거기 계시니이다 내가 새벽 날개를 치며 바다 끝에 가서 거주할지라도 거기서도 주의 손이 나를 인도하시며 주의 오른손이 나를 붙드시리이다"(시 139:7-10).

하나님의 임재 안에 사는 법을 배우라

하나님의 임재에서 벗어나 피할 수 있는 사람은 아무도 없다. 그런데 그런 의미의 임재와 다른 것이 있는데, 그것은 그분의 분명한 임재를 직접적으로 체험하는 것이다. 우리는 바로 이런 체험을 맛보고 누려야 한다. 바로 이런 체험이 불붙은 떨기나무 앞에서 모세에게 주어졌다.

만일 우리의 믿음이 '하나님의 나타나심(현현)이 없는 믿음'이라면, 그런 믿음으로 사는 것으로는 충분하지 못하다. 내가 하나의 인격적 존재이고 그분도 그런 존재이시기 때문에 나는 그분과 계속적인 관계를 맺을 수 있다.

그분이 우리의 믿음에 반응하실 수 있는 기회는 드리지 않으면서, 그저 슬픈 표정으로 조용히 엄숙하게 "나는 믿습니다"라고 말하는 것은 우리에게 큰 믿음이 있다는 증거가 되지 못한다. 물론, 우리가 보이는 것에 따라 행하지 않고 믿음으로 행하는 경우들이 있다. 예를 들면, 그분이 그분의 선하신 뜻에 따라 우리에게서 그분의 얼굴을 숨기실 때 말이다. 이것은 다음과 같은 구절에서도 알 수 있다.

"내가 넘치는 진노로 내 얼굴을 네게서 잠시 가렸으나 영원한 자비로 너를 긍휼히 여기리라"(사 54:8).

다시 말하지만, 우리는 하나님의 분명한 임재 안에서 사는 법을 배워야 한다. 교회가 이런저런 잡다한 영성을 추구하지만, 진정한 부흥은 그분의 임재 안에 살 때 찾아온다!

하나님의 임재를 상징하는 성막

하나님은 자신을 그분의 백성에게 나타내기 원하신다. 우리는 구약에서 그분의 임재를 상징하는 것을 볼 수 있다. 바로 성막이다. 성막은 모세가 체험한 불붙은 떨기나무의 의미를 잘 드러낸다. 아니, 더 나아가 나는 성막이 그 불붙은 떨기나무의 의미를 현실 속에서 구현했다고 말하고 싶다. 그렇다면 그 성막이 어떤 것이었는지를 간단하게 정리해보자.

1. 바깥뜰

바깥뜰은 성막 안이 아니라 밖에 있었으며, '이방인의 뜰'이라고도 불렸다. 나는 종교에는 관심이 있지만 하나님과 거리를 두는 사람들을 이 '바깥뜰'에 비유하고 싶다. 물론, 이런 사람들이 종교 행위를 지속적으로 행할 수도 있다. 여러 종류의 종교의식을 따르고, 묵주(黙珠)를 돌리고, 버스나 비행기 안에서 무의식적으로 입술을 움직이는 것 같은 종교 행위 말이다.

또 그들은 종교를 존중하기도 한다. 아기가 태어났을 때, 누군가 결혼할 때, 유아 세례가 있을 때, 누군가의 장례식 때 그들은 무거운 발걸음으로 교회에 간다. 그들은 종교에 형식적으로 존경심을 표하지만, 그들에게 하나님의 길, 그분의 십자가 그리고 그분의 속량은 안중에도 없다.

2. 안뜰

그다음 단계는 안뜰인데, 여기에는 물두멍과 큰 놋제단이 있었다. 놋제단은 보기에 좋은 것이 아니었다. 그것은 뚜껑이 없는 노(爐)처럼 생긴 것으로, 아래쪽에는 화상(火床)이 있어서 불을 집어넣었고, 위에는 짐승 제물을 올려놓고 불길을 돋우었다. 제물은 더욱 거세게 타올랐고, 연기가 어지럽게 뿜어져나왔다. 번제단에서는 어린 양, 짐승, 붉은 암송아지 그리고 다른 생물들이 제물로 드려졌다.

만일 우리가 제물을 드리는 방법에 대하여 최대한 듣기 좋게 표현하려 한다면, 또 번제단에서 일어난 일에서 도축장(屠畜場)적인 요소를 감소시킨다면, 그것은 십자가에서 일어난 일의 의미를 감소시키는 것이다.

어떤 사람이 예루살렘의 언덕에서 십자가에 달려 죽어가는 모습을 보는 것은 유쾌하지 못한 일이었음에 틀림없다. 시인들이 우리 주님의 십자가 죽음을 미화했고, 그 영향을 받은 우리는 십자가 사건을 그린 그림카드를 부활절에 주변 사람들에게 보내기도 한다. 그러나 그것은 결코 아름다운 일이 아니었다. 4월의 뜨거운 태양 아래에서 벌거벗겨진 사람이 십자가에 달려 있었고, 그의 손과 발과 옆구리와 이마에서는 피가 흐르고 있었다. 고통에 못 이긴 그는 몸을 끝없이 움직이며 고통스런 신음소리를 내었다.

그는 왜 십자가에 달려 있었는가? 그 이유는 그토록 고통스런 십자가보다 더 고통스런 곳이 딱 하나 있기 때문이다! 그곳은 바로 사람들이 달려가고 있는 지옥이다.

하나님이 그분의 독생자를 보내신 것은, 그분이 십자가를 지고 지옥문을 막고 닫아서 그분을 믿는 자들이 멸망치 않고 영생을 얻게 하려 하심이다. 그러므로 그리스도의 죽음을 너무 미화하지 말자. 그분이 돌아가신 곳은 도살의 언덕이었다. 한 사람, 즉 하나님의 아들이 죄 때문에 끔찍한 죽임을 당하셨다. 그분이 고통 가운데 죽으신 것은 죄가 고통스런 것이기 때문이다. 한 사람이 거부당하고 버림받아 죽었다. 죄라는 것이 거부당함과 버림받음을 불러들이기 때문이다.

3. 물두멍

성막의 안뜰 다음 단계는 물두멍이다. 놋제단을 지나 더 나아가면, 큰 대접처럼 생긴 것이 놓여 있었는데, 그것은 씻는 곳이었다. 물두멍에는 물이 뿌려졌고, 모든 것들이 거기서 씻겨졌다. 안뜰에는 물두멍이 나타나기 전에 제단이 있는데, 이 제단에서 일어나는 어린 양의 죽음은 오늘날 우리를 위한 하나님의 계획을 생생하게 말해준다.

그러므로 우리는 하나님의 어린양 그리스도께서 돌아가신 십자가에서 출발해야 한다. 그분의 피로 말미암아 우리는 '말씀과 물의 정결케 함'을 체험하게 된다. 그렇게 되면 그 다음 단계로 나아갈 수 있다.

4. 휘장

예배자는 제단과 물두멍이 있는 곳까지 들어갈 수 있었지만, 성막의 '또 다른 부분'이 그를 기다리고 있었다. 커다란 휘장이 가로막고 있는 이 '또 다른 부분'은 대제사장만 들어갈 수 있는 곳이었다. 이것은 회개하지 않는 자는 하나님의 나라에 들어갈 수 없다는 것을 말해준다.

성소 안에는 물건들이 놓여 있었고, 일곱 촛대의 불빛이 있었다. 우리 주님은 "나는 세상의 빛이니"(요 8:12)라고 말씀하셨다. 성령께서는 당신이 십자가로 와서 정결케 되고 빛을 받으면 빛을 얻을 수 있다고 말씀하신다. 그 성소에서 일곱 영이 그분의 빛을 발하셨다.

휘장 뒤에는 또한 진설병을 올려놓는 상(床)이 있었고, 분향단도 있었다. 예수님은 5천 명을 먹이신 후에 "썩을 양식을 위하여 일하지 말고 영생하도록 있는 양식을 위하여 하라"(요 6:27)라고 말씀하셨다.

바리새인들이 "우리의 조상들이 떡을 먹었소"라고 대답했을 때 그들이 말한 '떡'은 하나님께서 광야에서 공급해주셨던 만나였다. 이에 예수님은 "맞다. 그러나 너희 조상들이 먹었던 떡은 일시적인 양식이었다. 내가 온 것은 너희가 그것과는 다른 떡을 먹도록 하기 위함이니, 내가 주는 떡을 먹으면 결코 죽지 않을 것이다"라고 말씀하셨다. 그리고 그들이 "우리에게 그 떡을 주시오"라고 말했을 때, 예수님은 "내가 생명의 떡이다"라고 말씀하셨다.

그분이 이렇게 말씀하셨을 때 많은 사람이 그분을 떠났다. 그분의 말씀을 받아들일 수 없었기 때문이다. 그들이 보기에 그분의 말씀은 너무 교리적이고 너무 강했다. 만일 어떤 설교자가 그분처럼 메시지를 전했다면, 사람들은 "우리는 우리의 형제를 사랑하지만, 저 사람은 내치자. 예수가 떡이니 우리가 그를 먹어야 한다는 저 사람의 말은 너무 강하다"라고 말했을 것이다. 그러나 예수님이 떡이므로 그분을 먹어야 한다는 말은 구약에서는 비유, 즉 예표(豫表)로 표현된 것이고, 신약에서는 투박하게 표현된 것이다.

5. 분향단

성막의 휘장 뒤에는 분향단도 있었다. 그 분향단 위에서 태워져 그 작은 공간을 향기로운 냄새로 가득 채웠던 것은 무엇인가? 바로 기도였다!

내가 볼 때, 이것은 너무 아름다운 그림이다! 그리스도의 교회는 일곱 영이 발하는 '세상의 빛'으로 밝아진 장소가 되어야 한다. 그분의 교회는 성찬식을 거행하는 주일뿐만 아니라 언제나, 즉 매 주일 모여 생명의 떡을 먹는 곳이 되어야 한다. 그분의 교회에서는 하나님을 기쁘게 해드리고 그분의 코에 감미로운 기도의 향기가 늘 분향단으로부터 나선을 그리며 위로 올라가야 한다. 어디 그뿐이겠는가? 성도의 기도 소리는 그분의 귀에 아름다운 음악이다. 그리고 함께 모여 깨달음을 얻는 교인의 무리는 그분의 눈에 즐거운 광경이다.

성막을 통하여 들어가는 임재

세상의 빛은 예수님이시다. 우리 자신에게는 작은 빛조차 없지만, 우리 그리스도인들에게는 하나님의 빛이 있다. 우리는 진리를 찾는 주변 사람들이 우리의 교회들에서 빛을 찾게 해달라고 기도한다. 그들에게 빛을 줄 수 있는 교회가 일어날 수 있다면 나는 내 모든 것을 내놓겠다. 그런 교회가 지금 이 세상에 탄생할 수 있다면, 나는 조금도 주저하지 않고 내 정맥의 피라도 뽑아서 바칠 것이다.

빛이 비치는 곳에서, 먹을 떡이 있는 곳에서, 하나님께서 듣고 받으시는 기도가 하늘로 올라가는 곳에서 우리가 행한다면, 그리고 우리가 그 사실을 안다면, 바로 그곳이 교회다. 나는 교회를 사랑한다. 교회가 이런 신앙과 이런 종류의 믿음을 위해 헌신하는 사람들의 모임이기 때문이다.

정결케 하는 피가 여기에 있는데, 그것은 당신과 내가 하나님의 분명한 임재 안으로 들어가도록 하기 위하여 흘려졌다. 이제 문제는, 우리가 그분의 임재 안으로 들어왔는가, 그분의 임재 안에 거하고 있는가 하는 것이다. 나는 그러기를 바란다. 하지만 아직 그분의 임재를 체험하지 못한 사람들에게, 나는 그리스도께서 돌아가신 십자가를, 깨끗게 하는 보혈을,

빛이신 성령님을, 떡을 주시는 살아 계신 어린양을 보라고 말한다.

분명히 말하지만, 하나님의 성막 안으로 들어가 지극히 높으신 하나님의 제사장이 될 수 있는 권리가 당신에게 있다. 우리에게는 멜기세덱이나 아론 같은 제사장이 필요 없다. 보혈로 정결케 되고 성령의 빛을 받은 당신의 기도는 그분의 존전으로 올라갈 수 있다.

성막에 대해서만 다룬다고 해도 두꺼운 책을 한 권 쓸 수 있겠지만, 여기서는 이 정도로 간략하게나마 정리해보았다. 내가 원하는 것은 우리가 불붙은 떨기나무를 체험할 수 있도록 기초를 놓는 것이다. 우리가 하나님의 임재 안으로 들어가는 것이 어떻게 가능해졌는가? 그것은 우리가 그분 안에서 우리의 진정한 정체성을 누릴 수 있도록 그리스도께서 이루신 일 때문이다.

＊

주여,

제가 당신의 나라를 사랑하나이다.

당신이 거하시는 집을,

우리의 거룩한 구속자께서

그분의 보혈로 구원하신 교회를

제가 사랑하나이다.

—

티머시 드와잇(1752~1817)

〈주여, 제가 당신의 나라를 사랑하나이다〉

chapter

04

불붙은 떨기나무를
준비하는 침묵 학교

이르시기를 너희는 가만히 있어 내가 하나님 됨을 알지어다

내가 뭇 나라 중에서 높임을 받으리라

내가 세계 중에서 높임을 받으리라 하시도다 시 46:10

"오, 하나님! 밤의 침묵 속에서 저는 저와 당신의 관계를
깨닫기 시작합니다. 제 삶의 모든 부분들에서 당신은 얼마
나 좋으신 분입니까! 예수님의 이름으로 당신을 찬양하나
이다. "

모세에 대하여 조금이라도 아는 사람이라면, 그가 위대한 사람이라는 것에 의문을 제기하지 않을 것이다. 그러나 모세의 인생에 대한 성경 기록의 지금 이 단계에서는 아직 그의 위대함이 드러나지 않는다. 아직 펼쳐지지 않은 그의 인생의 위대함은 그 자신조차 모르고 있었다.

그때 모세 앞에는 어마어마한 삶의 여정이 놓여 있었다고 말할 수 있다. 훗날 그의 인생은 지극히 오랜 세월에 걸쳐 아주 많은 사람들에게, 아주 여러 가지 의미들을 갖게 된다. 이 말이 과장일 수도 있겠지만, 모세라는 사람을 깊이 알게 되면 이것이 결코 과장이 아님을 알게 될 것이다. 모세는 선지자였는데, 심지어 "그리스도는 모세 같은 선지자이시다"라는 말까지 나올 정도였다.

최우수 졸업생, 모세

모세는 율법을 전해준 사람이었다. 그는 인류에게 허락된 가장 위대한 도덕률을 천사들을 통해 하나님께 받았다. 사실, 위대한 도덕률은 역사에서 많이 나타났다. 그리스의 사상과 역사를 잘 아는 이들이라면, 리쿠르구스(Lycurgus, 주전 9세기경에 스파르타의 입법자였다고 전해지는 인물)가 스파르타에게

준 법 체계가 약 500년 동안 지속되었다는 것을 알고 있을 것이다. 또 미합중국의 헌법도 있다. 미국 헌법은 인간의 머리로 만들어낸 가장 위대한 문서로, 위대한 법 체계를 담고 있다. 하지만 모든 법 체계 중에서 가장 위대한 것은 하나님께서 모세를 통해 주신 것이다.

훗날 모세는 해방자, 노예를 자유롭게 해준 사람, 지도자, 정치가, 만세의 선생 등의 명성을 얻는다. 이런 모든 명성이 그를 기다리고 있었던 것은 그렇게 될 수 있는 준비가 이미 잘 갖추어져 있었기 때문이다.

불붙은 떨기나무 앞에 섰을 때에도 이미 모세는 교육을 아주 잘 받은 사람이었기 때문에 오늘날 같으면 어떤 교파에서든지 감독이 되어 있거나, 1등 목회자 후보감이 되어 있을 것이다. 모세는 바로의 궁전에 있을 때 애굽 사람의 모든 지혜를 배웠을 정도로 대단한 사람이었기에 훗날 위대한 정치가가 되었을지도 모른다.

왕족이 사는 궁전에는 뭔가가 있다. 그것은 다른 곳에서 볼 수 있는 것들과는 약간 다른데, 궁전에 살면서 얼마 동안 그것을 맛본 사람들은 아무래도 달라질 수밖에 없다. 모세도 예외는 아니었다. 이 사람 모세는 바로의 발아래에서 성장하면서 '바로의 딸의 아들'이라고 불렸고, 당시 애굽이라는 큰 나라의 높은 자리를 차지한 많은 통치자들과 왕들과 왕족의 무릎 위에 앉았다.

졸업 후 과정에 들어서다

그러나 애굽에서 도망 나온 후, 모세는 애굽의 대단한 선생들의 발아래에서 거쳤던 교육보다 더 유익한 '졸업 후 과정'을 밟게 되었다. 그는 '침묵의 학교'에 들어갔고, 양 떼에게 갔으며, 저 위 하늘의 별들을 보았다. 잠에 빠져들기 전까지, 저녁 내내 침묵에 귀를 기울이면서 자신에 대하여 배우기 시작했다.

오늘날의 문명 세계를 살아가는 현대인들은 모든 것을 알지만 자기 자신을 모른다. 우리 자신을 모르는 것은 필요한 만큼 조용해지지 않았기 때문이다. 비행기를 타고 어딘가로 가보라. 다섯 시간 동안은 귀에서 '윙' 소리가 날 것이다. 하나님은 이 사람 모세를 소음에서 빼내 침묵 속으로 집어넣으셨고, 거기에서는 그의 심장박동 소리까지 들렸다. 그것이 '졸업 후 과정'이었는데, 오늘날의 학교들에서는 이런 과정이 제공되지 않는다.

훗날 이것을 깨달은 사람이 있었는데, 그는 "너희는 가만히 있어 내가 하나님 됨을 알지어다"(시 46:10)라는 시를 쓴 다윗이었다. 그는 하나님이 누구이신지를 알게 되었을 때, 비로소 자기가 진정으로 누구인지를 알게 되었다. 우리의 삶이 잠잠히 가만히 있게 될 때에야 우리는 비로소 하나님을 알게 된다. 그러므로 우리는 다른 모든 것들을 옆으로 밀어놓고, 침묵이 우리의 마음과 생각을 열어주도록 허락해야 한다.

모세에게 필요했던 시간, 40년

애굽을 씻어내기 위하여, 모세는 산지에서 40년을 보내야 했다. 그 40년 동안 그는 자신을 이해하기 시작했고, 하나님께서 지시하시고 인도하신다는 것을 깨달았다. 떨기나무 앞에 섰을 때 그에게는 미래에 대한 꿈이 없었다. 그는 자기가 그때까지 하던 일을 죽을 때까지 계속하게 될 것이라고 생각했다. 침묵의 삶을 거치면서 그는 미래에 대한 기대를 전혀 갖지 못하는 지경에까지 이르렀다.

모세는 양들에게서 침묵을 배웠다. 성경은 우리에게 보잘것없는 동물에게 가서 교훈을 배우라고 주저 없이 충고한다. 성령께서는 선지자를 통해 말씀하신다.

"게으른 자여 개미에게 가서 그가 하는 것을 보고 지혜를 얻으라"(잠 6:6).

우리 주님도 이렇게 말씀하시지 않았는가?

"백합화를 생각하여 보라 실도 만들지 않고 짜지도 아니하느니라 그러나 내가 너희에게 말하노니 솔로몬의 모든 영광으로도 입은 것이 이 꽃 하나만큼 훌륭하지 못하였느니라"(눅 12:27).

이사야의 지적에 따르면, 이스라엘은 새 구유가 있는 곳에 살면서도 밤마다 주인의 구유로 돌아오는 소만큼도 지혜롭지 못했다.

"소는 그 임자를 알고 나귀는 그 주인의 구유를 알건마는 이스라엘은 알지 못하고 나의 백성은 깨닫지 못하는도다 하셨도다"(사 1:3).

다시 말하지만, 주님이 사람들을 하등 동물의 학교로 보내시는 일이 드물지 않다. 모세라는 사람, 즉 엄청난 지적 능력을 가지고 있으며, 바로의 궁전에서 양육 받았고, 애굽의 최고 교육을 받은 이 모세가 '양들과 함께 지내는 학교'로 보내졌을 당시에는 하나님께서 계획하고 계신 일을 감당할 수 있는 준비가 되어 있지 않았다.

랠프 왈도 에머슨(Ralph Waldo Emerson, 1803~1882. 미국의 사상가이며 시인)은 〈자연〉이라는 그의 짧은 글에 이렇게 썼다.

"누군가 혼자 있고 싶어 한다면 그가 별들을 보게 하라."

모세는 그가 원하는 때, 혹은 밤에 자다가 깼을 때마다 저녁 내내, 그리고 밤을 새며 별들을 보는 일이 많았을 것이다. 당신이 순수한 외로움과 절대적 고독을 원한다면 별들을 보라. 그것들은 아무 소리도 내지 않고 장엄하게 빛을 발할 뿐이다.

에머슨은 또한 이렇게 말했다.

"만일 천 년 만에 하룻밤 별들이 나타난다면 사람들이 어떻게 믿고 감탄하겠는가? 그들이 본 하나님의 도성에 대한 기억을 여러 세대 동안 간직할 수 있겠는가? 다행히 이 아름다움의 특사(特使)들은 매일 밤 나타나 충고의 미소로 우주를 밝혀 준다."

우리가 저기 하늘에서 빛나는 하나님의 도성에게 거의 무관심한 것은 우리의 주의를 산만하게 하는 것들과 소음이 여기에 너무 많기 때문이다.

하지만 별들이 빛나는 광야의 적막함이 주는 신성함을 보고 모세가 무엇을 깨달았든지 간에, 그 깨달음은 불붙은 떨기나무 앞에서 무릎을 꿇고 발견한 것에 비하면 아무것도 아니었다. 이것은 불붙은 떨기나무를 발견하는 것이 얼마나 중요한지를 우리에게 일깨워 준다.

인생이 잃어버린 최악의 것

떨기나무의 체험이 있기 전까지는 모세도 하나님을 경외하는 문제에 있어서 다른 모든 사람들과 똑같은 생각을 갖고 있었다. 신성함과 경외는 우리 인간의 경험 속에서 우리가 만들어낼 수 있는 것이 아니다. 불붙은 떨기나무의 체험을 하지 못한다면, 지극히 중요한 것을 잃어버리는 것이다.

현대인에게 최대의 상실은 사지(四肢)를 잃어버린 것이 아니다. 가정을 잃어버리는 것도 비극적이고 끔찍한 일이지만, 우리 중 어떤 이들이 당한 최대의 상실은 아니다. 충성심의 상실과 준법의 상실이 큰 상실인 것은 맞지만, 이는 그 뿌리가 되는 다른 것의 상실에서 파생된 것이다. 이런 것들이 우리가 당할 수 있는 최악의 상실들은 아니다. 가장 나쁜 상실은 신성함에 대한 느낌을 잃어버린 것이다.

나는 대부분의 근본주의적이거나 복음주의적 교회에 들어

가면 마음이 슬퍼진다. 그곳에서는 하나님을 거의 느낄 수 없다. 만일 머리를 숙이는 훈련을 하지 않은 사람이라면 그곳에서 경건하게 머리를 숙일 수가 없다. 신성함을 느낄 수 없기 때문이다. 지금은 누가 무슨 말을 하든, 무슨 짓을 하든 다 용납되는 시대다. 하지만 이것은 헤아릴 수 없을 만큼 끔찍한 손실이다.

세상은 우리의 눈에서 하나님을 가려버렸고, 그분의 자리에는 세속주의가 대신 들어왔다. 우리는 예배와 복음과 심지어 그리스도까지 세속화했다. 나는 이것이 큰 비극적 상실이라고 말하지 않을 수 없다. 그렇게 세속화된 상황에서는 위대한 사람이 나올 수 없고, 위대한 운동도 일어날 수 없다. 하나님께서 우리 중에서 세속화를 쓸어버리시고 다른 어딘가에서 다시 시작하셔야 하는 것이 아닌가 하는 생각이 든다.

하나님 경배에 몰입하라

오늘날 우리에게 필요한 부흥은 하나님의 임재 안에서 경외와 신성함을 회복하는 부흥이다. 이런 부흥이 우선 개인들에게서 일어나고, 그 다음에 넘쳐흘러서 교회를 가득 채워야 한다. 신성함과 경외의 부재가 일종의 장벽이 되어 그분의 임재 체험을 가로막고 있다.

예배는 언제나 이 경이로운 신성함과 경외의 순간으로 우리를 이끈다. 우리는 신발을 벗고, 다른 모든 것들을 옆으로 제쳐두고, 그 순간에 우리에게 자신을 나타내시는 분에게 집중해야 한다.

그러나 오늘날의 기독교는 이런 예배의 본질적 목적을 잃어버렸다. 예배는 감정적 열심을 북돋우는 것이 아니다. 참된 예배라면, 개인이나 집단을 그분 앞에서 완전한 침묵과 경외에 빠지도록 만들어야 한다. 그런 예배가 아니라면 우리는 그분을 체험하는 것이 아니다.

우리의 주일아침 예배는 일주일 내내 지속되는 경배의 정점이 되어야 한다. 우리가 주일아침에 하는 일이 일주일 내내 반복되지 않는다면, 그것은 그분이 보시기에 진정한 예배가 아닐 것이다.

위대한 복음전도자 찰스 피니(Charles G. Finney, 1792~1875. 19세기 초 미국에서 부흥 운동을 주도적으로 이끈 인물)는 하나님을 향해 불타는 마음을 가졌던 사람이다. 그 점에 대해서는 이론(異論)의 여지가 없다. 그는 자신의 삶과 사역에서 그 불이 식기 시작하는 것을 느끼면, 하던 일을 모두 중단하고 숲

속으로 들어가 하나님 앞에서 무릎을 꿇었고, 심령에 다시 불이 붙을 때까지 그렇게 있었다.

오늘날의 기독교에게 내가 권하고 싶은 것은 모든 활동을 중단하고, 불이 내려와 우리를 하나님의 임재의 신성함 속에 푹 빠지게 할 때까지 경배에 몰입하는 것이다.

불의 체험이 있기 전의 모세는 그 이후의 모세와 비교하면 아무것도 아니었다. 하나님께 사용된 그 위대한 사람은 불붙은 떨기나무의 체험을 통해 만들어졌다. 그리고 그 불은 그가 죽는 날까지 꺼지지 않았다. 떨기나무 체험은 모세 인생의 전환점이 되었다.

✳

그때 하나님의 불이

내 마음의 제단 위에서 타오르기 시작했으니,

그분을 찬양하기를 쉬지 아니하리라.

영광을! 그분의 이름에 영광을!

—

마가렛 젠킨스 해리스(1865~1919)
〈내가 그분을 찬양하리라〉

불붙은 떨기나무
속의 불

여호와의 사자가 떨기나무 가운데로부터 나오는 불꽃 안에서
그에게 나타나시니라 그가 보니 떨기나무에 불이 붙었으나
그 떨기나무가 사라지지 아니하는지라 출 3:2

❝소멸하는 불이신 하나님! 제 마음과 영혼 속 깊은 곳에서 타
오르소서. 그리하시면 제가 마땅히 알아야 할 당신을 제대
로 알 수 있을 것이나이다.**❞**

하나님은 모세가 그분을 생생하게, 깊이, 개인적으로 체험하도록 하시지 않으면 안 되었다. 모세는 '만남의 위기'(crisis of encounter)를 통해 그분을 만나야 했다.

나는 단어들을 부주의하게 사용하지 않으려 애쓴다. '위기'(crisis)라는 말과 '만남'(encounter)이라는 말 사이에 '~의'(of)라는 짧은 단어를 넣어서 연결시킨 것은 나의 주의 깊은 선택이다.

사람들이 전도자의 말을 듣고 하나님의 나라에 들어간다고 착각하면 그들에게 문제가 생긴다. 밑줄이 그어진 신약성경을 들고 매끄럽게 말하는 전도자가 그들에게 회심의 방법을 조리 있게 설명해줄 때, 그들은 자기가 하나님의 나라로 들어간다고 착각한다. 그런데 그런 전도자의 문제는 모세가 떨기나무 앞에서 개인적인 생생한 체험을 통하여 하나님을 만난 것처럼 '하나님을 만나는 체험'이 그들에게 있어야 함을 말해주지 않는다는 것이다. 그 이유는 그 자신도 그것을 모르기 때문이다.

바울은 세 번째 하늘로 이끌려 올라갔을 때 그의 외적(外的) 눈으로 보지 않았다. 만일 그가 육체의 눈으로 보았다면 그의 눈이 다 타버렸을 것이다. 그는 마음의 눈으로 보았다. 우리의 속사람이 하나님을 만난 것이 우리 마음의 눈을 통하여 만난 것이라면, 그것에 대하여 우리가 우리의 입장을 변호하기 위해 굳이 이런저런 논리를 펼 필요는 없다. 우리의 겉 사람이 흙으로 돌아가고 하늘의 바람이 그 흙을 날려버려도 우리는 속사람 때문에 하나님의 얼굴을 볼 수 있게 될 것이니까. 하나님이 원하시는 그런 존재가 되기 위해서는 모세 자신이 그분을 만나야 했다.

모세 앞에 불로 나타나신 하나님

하나님은 그분 자신을 모세에게 어떻게 나타내셨는가? 그분은 자신을 불로 나타내셨다! 하나님은 눈에 보이지 않으시며, 말로 표현할 수 없을 정도로 크신 분이다. 그분은 그분이 어떤 분이신지를 우리에게 말씀해주실 수 없고, 단지 그분이 '무엇과 같은' 분이신지를 말씀해주실 수 있다. 그분은 자신이 '불과 같은' 분이시라고 우리에게 말씀하신다. 성경은 하나님이 소멸하는 불이시라고 말하지만, 그분이 불이신 것은 아니다. 이것은 그분이 소멸하는 불이시지만, 그렇다고 해서 그분이 신학자들이 말하듯이 물질적으로나 형이상학적으로나 존재론적으로 불이시라는 뜻은 아니다.

'체버'(Cheber) 또는 '게버'(Gueber)라고 불리는 조로아스터의 추종자, 그리고 인도의 파시(Parsee, 인도에 있는 두 개의 조로아스터교 집단 중 큰 집단의 멤버)는 신이 불이라고 믿는다. 그렇기에 그들은 제단 위에서 타오르는 불꽃 앞에 무릎 꿇고 경배할 것이다. 그러나 우리는 하나님이 곧 불은 아니시라는 것을 알고 있다. 불은 어떤 장소를 태워 파괴하고, 건물을 태워 무너뜨리거나 음식을 요리할 때 사용된다. 하지만 하나님께서는 그런 의미의 불이 아니시다. 다만 그분은 불과 '같은' 분이시다!

이해력이 부족한 불쌍한 그분의 자녀들에게 그분이 어떤 존재이신지를 가르쳐주시려고 했을 때 그분이 생각해내신 '그분과 가장 많이 닮은 것'이 바로 불이었다. 그렇기 때문에 그분은 황혼에 불꽃으로 나타나셨고, 모세는 그분 앞에서 무릎을 꿇었다. 하나님이 떨기나무 가운데서 말씀하셨고, 모세는 그 하나님과의 만남에서 보고 느끼고 체험했다.

그분이 모세에게 주신 사명은 가서 이스라엘을 구하는 것, 율법을 받는 것, 장차 메시아가 나실 가장 위대한 나라를 조직하는 것, 그리고 그분의 이름을 만세에 전하는 것이었다. 이런 사명들이 그에게 주어질 수 있었던 것은 오로지 그가 그분을 만났기 때문이다.

진짜는 시끄럽지 않다

중요한 것은 하나님의 임재와 모세의 체험이 어떤 결과를 낳았는지를 이해하는 것이다. 우리가 기억해야 할 한 가지는 떨기나무 안의 불이 곧 하나님은 아니었다는 것이다. 떨기나무 안의 불은 하나님이 그 불 안에 거하시면서 불길을 통해 밝은 빛을 발하신다는 것을 나타낼 뿐이었다. 그 불은 그분의 임재였고, 모세는 거기서 그분을 체험했다.

이제 모세에게는 하나님이 더 이상 단지 관념에 불과한 존재가 아니었다. 그때까지 모세가 그러했듯이, 대부분의 사람들은 너무나 자주 하나님을 단지 관념으로만 생각한다. 모세는 정통 유대인이었지만, 여전히 하나님을 지적인 차원에서만 인식했었다. 그러나 이제 그는 그분을 개인적으로 체험했고, 하나님은 그에게 있어 지식이 아니라 체험이었다.

우리 앞에는 적어도 두 가지 지식이 있다. 성경에서 나오는 지식이 있고, 체험에서 나오는 지식이 있다. 당신은 어떤 것을 묘사할 수 있고, 또 그것에 대한 지식이 당신에게 있음을 입증할 수 있으며, 또 그 지식을 다른 이들에게 전해줄 수 있다. 하지만 그 지식을 체험하는 것은 전혀 다른 문제다. 전쟁에 대하여 누구나 묘사할 수 있겠지만, 총알과 포탄과 가스와 불이

난무하는 전쟁을 직접 겪은 사람들은 그것에 대하여 거의 언급하지 않는다.

내 아들 중 세 명은 전쟁의 포화를 체험했지만, 그것에 대하여 별로 얘기하지 않는다. 이것은 뜻밖의 일이다. 우리 집안 사람들은 아주 말이 많은 편이지만, 그들은 그들의 전쟁 체험에 대해서는 말이 별로 없다. 전쟁터에서 집으로 돌아왔을 때 조금 말한 후에는 더 이상 언급하지 않았다.

그런 종류의 체험을 한다면 그 체험은 평생 잊을 수 없을 정도로 아주 생생한 것이 된다. 모세가 하나님을 체험한 후 그분은 그에게 더 이상 역사(歷史)가 아니었고, 현실 속에서 그를 이끌고 가는 분이 되셨다. 기독교 교파들의 비극적인 실패는 체험 대신 교리를 붙든다는 것이다. 우리는 교리를 설명하는 데에는 능력이 많지만, 교리를 설명한다고 해서 모세처럼 하나님의 임재를 체험하는 것은 아니다.

성경은 그것 자체를 목적으로 삼으라고 주어진 것이 아니라, 우리를 하나님께 이끌고 가는 길이 되라고 주어진 것이다. 성경이 우리를 하나님께 이끌어가고 우리가 만남의 위기 가운데 그분을 체험한다면, 성경은 자신의 사명을 다 감당한 것이다. 물론 그 후에도 성경은 계속 일하지만, 자신에게 주어진 최고의 사명은 이미 완수한 것이다.

성경을 암기하는 것으로는 부족하다. 어떤 이들은 하나님의 말씀을 암기하지만, 그 말씀을 주신 하나님을 만나지 못했다. 그들은 성경의 장(章)들을 통째로 인용할 수 있지만, 그것들에 영감을 불어넣으신 성령의 감동을 체험하지는 못했다. 성경은 그것에 감동을 불어넣으신 성령을 통해서만 이해될 수 있다. 내가 성경의 모든 구절들을 암기한다 해도 그 암기를 통해 만남의 위기 가운데 하나님을 만나지 못한다면 아무 소용없다.

우리도 그분을 알 수 있다

교회가 할 수 있는 최고의 사역은 하나님을 체험한 후에 모든 이들에게 "우리가 하나님을 체험했으니 여러분도 그분을 체험할 수 있습니다"라고 말해주는 것이다. 우리는 모세가 떨기나무를 알았듯이 하나님을 알 수 있다. 우리는 토끼가 푸른 들장미 숲을 알듯이 그분을 알 수 있다. 아기가 어머니의 품을 알듯이 그분을 알 수 있다. 그분이 누구이신지를 알 수 있다.

나는 자신이 하나님의 사람이라면서 양다리를 걸치고 있는 사람들에게, 즉 자기가 어디에 있는지를 모르는 사람들에게 이 책을 통해 오직 이 한 가지를 해줄 수 있다면 정말 만족할 것이다. 그 한 가지는 그들의 마음을 움직여서 결국 그들이 다음과 같이 고백할 수 있게 해주는 것이다.

"복음에 의해, 어린양의 피를 통해, 속죄의 능력에 힘입어, 믿음으로, 성경에 의해, 성경 안에서 우리는 하나님이 누구이신지를 알 수 있다."

✳

당신의 풍성한 은혜가

약해지는 제 마음에 힘을 주고,

제게 열정을 불어넣게 하소서.

당신이 저를 위해 돌아가셨으므로,

오! 당신을 향한 제 사랑이

순수하고 따스하고 변함없게 하시고

살아 있는 불이 되게 하소서.

—

레이 팔머(1808~1887), 로웰 메이슨(1792~1872)
〈제 믿음이 당신을 우러러보나이다〉

THE FIRE OF GOD'S PRESENCE

불 가운데
임재하시다 _____ PART 02

떨기나무 속의
불이 주는 교훈들

여호와께서 그가 보려고 돌이켜 오는 것을 보신지라
하나님이 떨기나무 가운데서 그를 불러 이르시되
모세야 모세야 하시매 그가 이르되 내가 여기 있나이다 출 3:4

> 오, 하나님! 제 마음은 당신의 명령이 무엇이든지 따르려고
> 당신을 향해 활짝 열려있나이다. 제 삶은 당신의 교훈에 뿌
> 리를 두고 있으며, 제 헌신은 무조건적 헌신이나이다.

떨기나무 속의 불을 보라. 그리고 모세가 그것에서 배운 교훈들을 보라. 일부 설교자들은 그 교훈들을 첫째 교훈, 둘째 교훈, 셋째 교훈, 넷째 교훈, 다섯째 교훈으로 나누어 설명하지만, 나는 그런 설명에 동의하지 않는다. 내가 볼 때, 그 교훈들은 불같이 갑작스럽게 확 일어난 놀라운 체험을 통해 그에게 찾아왔다. 불이 떨기나무 안에 있었기 때문이다.

여기서 중요한 점은 떨기나무 속의 불이 모세가 예상했던 것이 아니었다는 점이다. 그는 양을 돌보면서 산지에서 40년을 보낸 사람이었다. 그 기간 동안 틀림없이 그는 자연적으로 발화(發火)하는 떨기나무들을 많이 보았을 것이다. 그럼에도 이 떨기나무가 그의 주의를 끌었던 것은 거기에 그가 이해할 수 없는 점이 있었기 때문이다.

모세가 애굽을 떠난 지 40년의 세월이 흐른 후, 이제 하나님께서 모세의 삶과 사역에서 새로운 단계를 열어주실 타이밍이 찾아온 것이었다. 하나님은 준비된 사람들을 부르지 않으신다. 오히려 그들을 불러서 준비시키신다. 모세는 그가 상상도 하지 못했던 사명을 감당하라는 하나님의 부르심을 받았다.

틀림없이 80세의 모세는 자기가 삶의 끝에 와있다고 믿고 있었을 것이다. 거기 산지에서 양들과 함께 여생을 보내게 될 것이라고 믿었을 것이다. 그러던 중 떨기나무를, 떨기나무 옆에 있는 천사를, 떨기나무 속의 불을, 그리고 불이 붙었으나 타버리지 않는 떨기나무를 보았다. 그러므로 그가 돌이켜 가서 그것을 살펴보려 했던 것은 당연하다.

불 가운데 무력해진 떨기나무

떨기나무 속의 불은 우리의 하나님 체험이 무엇을 위한 것인지 말해준다. 이 기적적인 사건은 예수님의 '주님 되심'(lordship)을 드러낸다.

사도 바울은 그리스도를 가리켜 "이 비밀은 너희 안에 계신 그리스도시니 곧 영광의 소망이니라"(골 1:27)라고 말했다. 앨버트 B. 심슨 박사(A. B. Simpson, 1843~1919. 미국의 저명한 복음전도자)는 '너희 안에 계신 그리스도 곧 영광의 소망'이 우리 믿음의 대상이라고 전했다. 어떤 교회들은 심슨 박사를 광신자라고 불렀고, 또 어떤 교회들은 그가 훌륭한 설교를 했다고 말했다. 그러나 분명한 것은 그가 '내주하시는 그리스도'라는 교리를 다시 부각시켜 전함으로써 교회에 새로운 힘을 불어넣어 주었다는 것이다!

하나님이 불붙게 하신 그 떨기나무는 불 속에서 전적으로 무력했다. 당신이 그분 안에서 무력해지지 않는다면, 당신이 그분에게서 도망할 수 있다면, 당신은 여전히 그분을 제대로 아는 것이 아니다. 당신이 도망하여 안전한 곳에 숨을 수 있다면, 아직도 그분의 손 안에 있는 것이 아니다. 당신이 발을 뺄 수 있다면, 당신 뒤에 교량이 남아 있다면, 당신은 뒤로 물러가버릴 수 있다.

내가 볼 때, 많은 하나님의 자녀들은 농부가 즐겨 사냥하는 설치류 같다. 그것들은 숨을 곳을 두 곳 이상 가지고 있다. 그래서 농부가 한쪽 구멍을 살필 때 그것들은 이미 몇백 미터 떨어진 곳에서 편안히 앉아 먹이를 먹고 있을 것이다. 왜냐하면 그것들에게는 두 개 이상의 구멍, 즉 두 개 이상의 숨을 곳이 있기 때문이다. 만일 두 개 이상의 구멍을 가지지 못했다면 매우 불쌍할 것이다. 구멍이 하나만 있으면 자신감을 가질 수 없기 때문이다.

마찬가지로, 하나의 가능성만 있으면 안심할 수 없기 때문에 두 번째 가능성을 갖기 원한다. 그리스도인으로서 우리는 하나님을 따르기를 원하면서도, 그것이 잘 되지 않을 경우에 대비해 대안을 마련해두기 원한다.

우리 중 대부분의 사람들은 하나님을 가장 나중에 의지하는 습관이 있다. 그러나 모세는 그 떨기나무를 마주하고 뒷걸음질 칠 수 없었다. 그 상황에서 빠져나오겠다는 계획을 세울 수 없었다. 주께 사로잡힌 복된 그리스도인은 빠져나갈 수 없다. 빠져나가기를 원하지 않아서 사방의 다리들을 모두 불살라버렸기 때문이다. 그에게는 다른 길이 남아 있지 않다.

엘리야는 갈멜 산 위에서 바알의 종들이 분노할 정도로 그들을 조롱했다. 하나님께서 불을 보내 그분의 종 엘리야의 믿음에 응답하시는 일이 일어나지 않았다면, 그는 찢겨서 가루가 되었을 것이다. 그렇기에 그가 하늘을 바라보며 올린 기도에는 "하나님, 저를 지금 사용하시거나 아니면 저를 얼른 하늘로 끌어올리소서. 저들 때문에 너무 불안합니다"라는 뜻이 들어 있었다고 보아야 한다. 그의 기도를 듣고 하나님은 제단 위에 불이 떨어지게 하셨다!

어떤 그리스도인들은 하나님과 함께 한 장소에 있지 못하고 그분의 주변에서 서성거리기만 한다. 온전히 그분을 의지하지 않기 때문이다. 어떤 경우에, 그리스도인으로서의 그들의 모습이 불쌍할 정도로 형편없는 것은 그들이 문을 딱 걸어잠근 적이 없기 때문이다. 그들은 자기가 원하면 언제든지 발을 빼서 돌아갈 수 있다. 심지어 어떤 이들은 머지않아 발을 빼서 돌아갈 수도 있다고 마음먹고 있으면서도, 겉으로는 전혀 그렇지 않은 척한다. 당신은 모든 것들이 정상적으로 돌아갈 때는 주님과 동행하지만, 곤경에 빠지면 냉정하게 돌아선다.

불로 자신을 드러내신 하나님

하나님은 그분 자신을 불로 계시하셨다. 그분은 우리가 알기 힘든 분이시며, 말로 표현할 수 없을 만큼 크신 분이다. 우리는 우리의 머리로 그분을 알 수 없다. 기독교 신학의 행세를 하면서 복음주의로 받아들여지는 신이성주의(新理性主義, neo-rationalism)는 그분을 인간의 머리로 이해하려고 애쓴다. 그러나 그것은 불가능하다. 우리는 그분을 체험할 수 있을 뿐이다. 그분은 어떤 인간도 지적(知的)으로 이해할 수 없을 정도로 무한히 크신 분이다.

그분은 유사성과 비유를 통해 그분 자신을 나타내시는데, 내가 볼 때 그분이 즐겨 사용하시는 비유는 불이다. 그분이 이스라엘에게 불로 임하신 것을 기억하라. 밤에는 불로, 낮에는 구름으로 찾아오시지 않았던가? 그리고 이후 성막에서도 그분은 그룹들의 날개 사이에서 불로 거하셨다. 그것을 가리켜 사람들은 쉐키나(Shekinah: '거하는 것'이라는 뜻의 히브리어를 음역한 단어로서, 많은 유대 문헌에서 하나님의 임재를 표현하기 위해 사용된 말 - 역자 주)라고 불렀다.

그 후 오순절에 성령께서 120명의 제자들에게 임하셨을 때 하나님은 다시 한 번 더 자신을 불로 나타내셨고, 제자들 각 사람은 이마에 불을 받고 보내심을 받았다.

그렇다! 그 불은 전능하신 하나님의 임재의 상징이다. 그런데 그 불이 어떤 이들이 생각하듯이 '절제되지 않는 비이성적 충동'은 아니다. 하나님의 임재가 바로 불이다. 그분은 자신이 누구이신지를 모세에게 보여주기 원하셨고, 그분을 만나는 체험을 그에게 허락하기 원하셨다.

하나님을 체험한 모세

어떤 이들은 '체험'이라는 말에 왠지 두려움 같은 것을 느껴 사용하기 꺼리는 경향이 있지만, 나는 그런 사람 중 하나가 아니다. 나는 체험의 중요성을 믿는다.

'누군가 어떤 대상을 개인적으로, 의식적(意識的)으로 알게 되는 것'이 체험에 대한 나의 정의다. 지금 우리가 다루고 있는 사건에 적용해서 말하자면, '누군가'는 모세이고, 그가 알게 된 '대상'은 하나님이시다. 불붙은 떨기나무 사건이 일어났을 때, 모세가 의식하지 못하는 상태에서 그것이 어떻게든 그의 무의식 속으로 스며들어가버린 것이 아니다. 하나님과의 만남이 있었을 때 모세는 분명히 깨어 있었고, 무슨 일이 일어나고 있는지를 알았다. 그 만남은 그를 바꾸어 놓았고, 그는 이전과는 다른 사람이 되었다. 그는 하나님을 체험했고, 그 순간부터 하나님은 그에게 더 이상 이론이 아니었다. 이제 더 이상 하나님은 '말로 표현해서 전달할 수 있는 지식'이 아니었고, 체험이나 개인적 앎을 통해 알 수 있는 분이셨다.

지금 내 머리에는 스코틀랜드의 철학자 토마스 칼라일(Thomas Carlyle, 1795~1881. 영국의 평론가이며 역사가)의 이야기가 떠오른다. 그는 새로 온 목사와 함께 정원을 거닐다가 "목사님, 이 교구에 필요한 분은 이단이 아는 것과 다른 하나님을 아는 사람입니다"라고 말했다.

이단이 알고 있는 하나님만을 아는 사람들이 우리 중에 많다고 나는 확신한다. 우리는 우리가 원하는 대로 그려놓은 하나님을 진짜 하나님이라고 믿는다. 우리는 영적 체험을 통해 알 수 있는 하나님이 아닌 짝퉁 하나님이 진짜 하나님이기를 원한다.

복음주의 교단들의 비극적인 실패는 영적 체험 대신에 교리를 붙든 것이다. 교리가 영적 체험의 꽃을 피워야 함에도 불구하고 우리는 교리 자체에서 끝나고 만다. 신경(信經)을 암송할 수 있거나 스터디 바이블에 적힌 주(註)를 공부하면 우리가 할 일을 다했다고 생각한다. 바로 그것이 문제다. 거기서 더 나아가 하나님을 체험해야 함에도 불구하고 많은 이들은 거기서 멈추고 만다. 성경의 교리가 우리를 하나님께로 데려가는 큰 길인 것은 사실이지만, 많은 복음주의자들은 그 큰 길 옆에서 잠자고 있다. 그들은 자기들이 그 큰 길 위에 있거나 근처에 있기 때문에 자신들을 복음주의자라고 부른다.

내가 볼 때, 진정한 복음주의자는 그리스도인의 교리 체계를 믿을 뿐만 아니라 그리스도인의 하나님을 체험하는 사람이다. 하나님을 체험할 수 있다고 선포하는 선지자들이 지금 이 시대에 나타나야 한다. 그들이 나타나 사람들에게 외쳐야 한다.

"우리는 하나님을 알 수 있습니다. 우리는 하나님을 어떤 전제(前提)들에서 논리적으로 추론해야 하는 존재로 만들 필요가 없습니다. 우리가 자녀들을 체험해서 알 수 있듯이 그분을 체험할 수 있습니다."

언젠가 내가 이곳저곳을 다니던 시절, 내 아들이 손자 네 명을 데리고 공항에서 나를 만난 적이 있다. 나는 그 아이들이 누구인지를 논리적으로 증명할 수 있겠지만, 그 아이들이 내 손을 잡았을 때 나는 그 아이들이 내 손자라는 것을 체험으로 알았다.

우리의 마음속 깊은 곳에서 영적 체험으로 하나님을 알 수 있다고 나는 믿는다. 하나님은 모세에게 몇 가지를 말씀해주기 원하셨고, 실제로 그렇게 하셨다. 떨기나무 사건을 통해 그분은 모세의 힘을 빼셨고, 그의 자신감을 완전히 무너뜨리셨으며, 그를 제압하셨고, 그 후에는 그를 다시 높이 끌어올리셨다. 그분은 늘 그런 식으로 일하신다. 그분은 모세에게 가르쳐주셨던 것 중 어떤 것들을 우리에게도 가르쳐주기 원하신다. 그래야 그분이 우리를 사용하실 수 있기 때문이다.

그분이 가르쳐주기 원하시는 것들 중 하나는 불이 떨기나무 안에 거했고, 떨기나무는 완전히 불에 의해 좌우되어 불의 규칙을 받아들일 수밖에 없었다는 것이다. 당신은 우리가 신경들을 붙들면 모든 것이 괜찮을 것이라고 믿겠지만, 신경들이 당신을 붙들지 않으면 당신은 영적으로 어떤 곳에도 도달할 수 없다. 당신은 하나님의 교리를 붙드는 한 아무 문제가 없을 것이라고 생각할지 모르겠다. 물론, 교리를 붙드는 것이 무신론자인 것보다는 좋을 것이다. 그러나 하나님께서 당신을 붙드시고 당신을 그분의 손처럼 사용하시지 못한다면, 당신은 마땅히 있어야 할 곳에 있지 않은 것이다. 이 진리를 가르쳐주는 것이 모세의 떨기나무 체험이다. 불이 떨기나무 안에 거했던 것이 예표(豫表)는 아닐지라도 하나의 아름다운 비유로써 이 진리를 우리에게 가르쳐준다.

우리 안에 계신 그리스도

나는 '내주하시는 그리스도'를 누구보다도 열렬히 믿는다. '내주하시는 그리스도'에 대해 골로새서는 "이 비밀은 너희 안에 계신 그리스도시니 곧 영광의 소망이니라"(골 1:27)라고 말한다. 그런데 그리스도가 우리와 '함께' 계시는 것은 사실이지만, 거기서 끝나지는 않는다. 영광의 소망이신 그리스도께서는 또한 우리 '안에' 계신다!

두 인격체의 상호 침투가 어떻게 일어날 수 있는가 하는 문제는 내게 어려운 문제가 아니다. 나는 복을 많이 받았는데, 다른 사람들이 이해하지 못하는 것들이 내게는 문제가 되지 않기 때문이다. 사실, 나도 그것들을 이해하지 못한다. 그렇지만 그것들 때문에 내가 힘들지는 않다. 주 안에서 형제된 어떤 사람이 내게 말했듯이, 하나님은 내게 당혹감을 별로 불러 일으키지 않으시면서 내게 복을 주신다. 그렇기 때문에 나는 도움을 얻는데, 많은 도움을 얻는다. 내가 힘들어하는 문제들이 많지는 않다.

언젠가 영국 국교회 목회자 한 분이 내게 이렇게 말했다.

"토저 목사님, 목사님에게 두 가지 질문을 하고 싶습니다. 우선, 영원하신 하나님이 시간 안으로 들어오신 문제를 어떻게 설명하시겠습니까? 그리고 '참 빛 곧 세상에 와서 각 사람에게 비추는 빛'(요 1:9)이라는 말이 무슨 뜻입니까?"

그의 질문에 나는 이렇게 대답했다.

"첫 번째 질문에 대답하죠. 영원하신 하나님이 어떻게 시간 안으로 들어와 육체가 되어 우리 가운데 거하실 수 있었는가 하는 것은 내게 문제조차 되지 않습니다."

그렇게 말하고 나는 첫 번째 질문에 대해서는 더 얘기할 것이 없다는 뜻으로 손을 가로저었다.

두 번째 질문에 대해 말할 것 같으면, 그것에 대해서는 내 나름대로의 의견이 분명히 있었다. 두 인격체의 상호 침투의 문제는 '불 속에 집어넣은 쇠'라는 비유를 통해 이미 오래 전에 해결된 문제였다. 불 속에 쇠를 집어넣고 옛날식 풀무로 바람을 강하게 불어넣으면 이내 불이 쇠 속으로 들어간다. 쇠가 그것의 성질을 잃은 것도 아니고, 불이 그것의 성질을 잃은 것도 아니다. 쇠는 여전히 쇠이고, 불은 여전히 불이다. 하지만 이 둘이 실제적으로는 융합된다. 그리고 불이 쇠 밖으로 나간다 해도 불과 쇠가 모두 존재하게 된다.

그렇다! 하나님께서 인간의 가슴 속으로 들어가시고, '그분의 창조되지 않은 신성한 인격'을 '창조된 인격'과 융합시키신다. 이 두 인격이 형이상학적으로나 존재론적으로 하나가 되는 것은 아니지만, 경험적으로 하나가 되는 것이다.

불(인간의 가슴 속에 있는 하나님의 임재의 밝은 빛)이 그분을 약간 닮게 하기 때문에 인간 안에, 그리고 그 인간이 풍기는 분위기 안에 그분이 많이 거하신다. 하지만 인간은 하나님이 아니고, 하나님은 인간이 아니시다. 영원무궁토록 하나님은 하나님이시고, 인간은 인간이다. 그렇지만 하나님의 인격과 인간의 인격이 연합된다.

이것이 하나님께서 모세에게 말씀해주시고자 했던 것이고, 또한 우리에게도 말씀해주시려고 하는 것이다.

✳

우리에게 부흥을 일으키소서.

각 사람의 마음을 당신의 사랑으로 채우소서.

각자의 영혼이 위로부터 오는 불로

다시 불붙게 하소서.

—

윌리엄 P. 매케이(1839~1885), 존 J. 허즈번드(1760~1825)
〈우리에게 부흥을 일으키소서〉

chapter

07

———

떨기나무를
변화시킨 불

또 이르시되 나는 네 조상의 하나님이니 아브라함의 하나님,

이삭의 하나님, 야곱의 하나님이니라

모세가 하나님 뵈옵기를 두려워하여 얼굴을 가리매 출 3:6

> 오, 아버지! 제가 중요한 사람이 아니지만 당신이 제 삶에
>
> 들어오셨으므로 당신을 찬양하나이다. 제 삶이 의미를 갖는
>
> 것은 오로지 성령께서 제 삶에 불같이 임재하시기 때문이나
>
> 이다.

모세가 보았던 떨기나무는 가시 돋친 작은 떨기나무였을 뿐이다. 그 당시 그토록 넓은 광야에는 수백만 그루의 떨기나무가 흩어져 있었을 것이고, 그것들은 그다지 중요하지 않은 존재들이었을 것이다. 그것들은 우리 주변에서 흔히 볼 수 있는 아카시아 떨기나무 같은 것으로, 다시 쳐다볼 가치조차 없는 것들이었다.

그러나 불은 모세가 보았던 그 떨기나무를 변화시켰고, 그 나무는 결국 역사상 가장 유명한 떨기나무가 되었다. 그것의 영광은 그것 자체의 영광이 아니라, 내주하는 불에서 나온 영광이었다. 그것은 빛, 즉 영광을 취했으며, 그 영광을 지금까지 계속 지니고 있다. 사람들은 이 불붙은 떨기나무에 대해 얘기하고, 화가들은 이것을 화폭에 담으며, 우리는 이에 대해 설교한다. 왜 그럴까? 그 나무가 위대한 떨기나무이기 때문인가? 그렇지 않다! 그 이유는 그 속에 불이 있었기 때문이다!

불은 정화시킨다

당신은 그 불붙은 떨기나무 속에서 모든 곰팡이, 그리고 작은 곤충들과 애벌레와 벌레가 죽었다는 것을 생각해본 적이 있는가? 남은 것은 오직 떨기나무와 불뿐이었다.

나는 의학 분야의 전문가는 아니지만, 열에 죽지 않는 미생물이 있다는 것을 읽은 적이 있다. 그것은 2시간을 끓여도 죽지 않는다고 한다. 그러나 거센 화염을 견딜 수 있는 것은 아무것도 없다. 모든 생명체는 화염 속에서 죽고 만다. 사람들이 부흥회, 신앙집회 또는 기도회에 참석해도 그들 속의 어떤 악들은 없어지지 않는다. 하지만 내주하시는 하나님의 임재를 체험한 후에 무릎 꿇지 않는 죄는 없다.

불은 새로운 존재로 변화시킨다

기독교 신앙을 통해 얻게 되는 또 하나의 유익은 하나님께서 보통 사람들을 취하시고, 그들 안에서 사시며, 그들을 변화시키시고, 그들에게 의미를 부여하시며, 그들을 중요한 존재로 만들어주신다는 것이다.

드와이트 L. 무디(Dwight L. Moody, 1837~1899. 미국의 가장 위대한 복음전도자 중 한 사람)는 교육받지 못하고 어눌한 구두 세일즈맨이었다. 그런데 어느 날 필라델피아의 거리에서 성령께서 그에게 임하셨고, 그는 변화된 사람으로서 그의 길을 계속 나아갔다.

종종 나는 '아일랜드 리즈번의 기도하는 배관공'이라고 불린 내 친구 토머스 헤어(Thomas Haire)를 생각하게 된다. 그는 배관 작업 후에 "4달러를 주시면 됩니다"라고 말하곤 했다. 그는 공식 교육을 받은 적도 없는 사람이었다. 그럼에도 불구하고 사람들은 그가 다가오는 것을 보면 마치 하나님이 다가오시는 것 같은 느낌을 받았다. 그가 무릎을 꿇으면 사람들은 하나님이 그의 기도에 응답하신다고 생각했다. 왜 그랬을까? 유럽과 미국의 여러 곳에서 그가 사람들의 입에 오르내리는 것은 무슨 이유 때문일까? 기도해달라고 부탁하는 편지가 왜 그에게 수백 통씩 날아들었을까? 왜냐하면 하나님께서 그의 안에 들어오셔서 그를 변화시키셨기 때문이다! 그는 단지 떨기나무에 불과했다. 그도 역시 죽어서 에메랄드 섬(아일랜드의 별칭)의 다른 아일랜드 아카시아 떨기나무들처럼 망각될 수 있었지만, 성령께서 오셔서 그를 사로잡으셨다.

떨기나무는 불에 의해 변화되었다. 사실, 그것은 작은 떨기나무였을 뿐이다. 모세가 본 떨기나무는 수백 그루였겠지만, 유독 이 떨기나무는 갑자기 역사에서 가장 유명한 떨기나무가 되고 말았다. 그것의 영광은 다른 것에서 파생된 영광이었다. 하나님께서는 그 떨기나무를 위대하게 만드신 것이 아니라, 단지 그 안으로 들어가셔서 그 안에서 크신 하나님으로 계셨다. 그렇기 때문에 그 나무는 모든 이들의 주목의 대상이 된 것이다.

익명의 존재에서 의미 있는 존재로

모세가 이 변화된 떨기나무를 보려고 돌이켰기 때문에 그것은 의미를 갖게 되었다. 중요한 존재가 되었다. 자연적인 면에서 보자면, 그 나무는 다른 모든 떨기나무들과 다를 바 없었다. 하지만 사람들이 다른 떨기나무들에 대해서는 언급하지 않지만, 유독 이 떨기나무에 대해 말하는 이유는 무엇인가? 그것은 그 안에 불이 있었기 때문이다!

내가 생각하기에 가장 슬픈 일 중 하나는 보통 사람들이 익명(匿名)으로 끝나버린다는 것이다. 에머슨의 말에 의하면, 보통의 남자와 여자는 단지 '또 하나의 커플(couple)'에 지나지 않는다. 고속도로로든, 길거리 모퉁이든, 멀리 정글이든, 어디든지 가보라. 동쪽이나 서쪽으로, 북쪽이나 남쪽으로 어디를 가든지 간에 수천 명의 사람들이 지면에서 마치 살아 있는 빨래집게처럼 걸어가는 것을 보게 될 것이다. 그들은 태어나서 기쁨을 약간 맛보다가 죽는다. 그들은 중요성도, 의미도 없는 얼굴 없는 존재들이다.

그러나 예수 그리스도께서 어떤 사람을 붙드실 때 제일 먼저 하시는 일은 그에게 중요성을 부여하시는 것이다. 그는 중요한 존재가 된다. 얼굴을 갖게 된다. 하나님이 그 사람 안에 거하시고, 그는 불 안에서 변화된다. 능력의 그리스도께서 만져주시면 얼굴 없는 사람도 중요성과 의미를 갖게 된다.

뉴기니(New Guinea)의 발리엠 계곡에서 최근에 회심한 가장 보잘것없는 사람도 하나님의 나라에서는 윈스턴 처칠이나 그 밖의 세계의 모든 유명인보다 더 중요한 존재가 된다. 왜냐하면 전에는 그에게 없던 의미, 불을 통하지 않고는 아무도 얻을 수 없는 의미가 그에게 생겼기 때문이다.

＊

하나님의 숨이시여!

제게 입김을 불어주소서.

제가 온전히 당신의 것이 될 때까지,

제 이 세속적 부분이

당신의 신성한 불로 빛을 발할 때까지.

—

에드윈 해취(1835~1889), 로버트 잭슨(1842?~1914)

〈생명의 주님, 우리에게 입김을 불어 주소서〉

떨기나무를
지켜주는 불

하나님이 모세에게 이르시되 나는 스스로 있는 자이니라

또 이르시되 너는 이스라엘 자손에게 이같이 이르기를

스스로 있는 자가 나를 너희에게 보내셨다 하라 출 3:14

"오, 아버지! 당신 안에 있는 안전과 안정을 얻기 위해 제가

어디로 갈 수 있겠습니까? 제 삶 속에 임한 성령의 뜨거운

임재로써 날마다 저를 보호해주시니 당신을 찬양하나이다.

당신 때문에 어떤 악도 저를 해칠 수 없나이다."

모세가 본 그 떨기나무 안에 불이 있는 한, 어떤 악도 그 나무를 괴롭힐 수 없었다. 황혼에 배고픔을 느껴 풀을 찾아 헤매던 염소라도 절대 그 떨기나무 가까이에는 가지 않았을 것이라는 생각이 당신의 머리를 스친 적은 없는가? 염소가 다른 떨기나무들에게 접근해 살펴보았을지라도 그 떨기나무에는 결코 접근하지 않았을 것이라고 나는 확신한다. 그 떨기나무의 주변에는 앉았을 작은 곤충들도 그 나무에는 앉지 않았을 것이다. 불이 그 안에 거하는 한, 그 나무는 완벽하게 안전했다.

숨는다고 지켜지지 않는다

나는 분리는 믿지만 도피는 믿지 않는다. 나는 복음주의적 신자들이 다른 사람들을 피해 도피하는 것이 하나님의 뜻은 아니라고 믿는다. 당신이 비그리스도인들과 교류하지 않으려고 한다면 그들에게 어떻게 주님을 전할 수 있겠는가? 그들을 피한다면 그들을 도울 방법은 없어진다. 그들을 피해서는 안 된다. 우리가 그들과 분리되어야 하는 것은 맞지만, 그들을 피해 숨어서는 안 된다.

그런 의미에서, 수도원 운동은 역사적 실수였다. "나는 불을 받았다. 이제 그 불을 두 손으로 잘 감싸서 잃어버리지 않겠다"라고 말하는 사람들이 있었다. 그들은 바람이 불어 그들의 불을 꺼버리지 않도록 그 불을 두 손으로 감싸고 수도원으로 들어갔다. 그러나 그것은 큰 실수였다. 나는 그들의 의도가 좋았다는 것에 대해서는 칭찬해주고 싶지만, 그들의 성경 지식을 크게 인정해주고 싶지는 않다.

시메온 스틸리테스(Simeon Stylites the Elder, 약 390~459년. 기둥 위에서 37년을 살았던 기독교 금욕주의자)는 선한 삶을 살겠다는 의도에서 사람들을 피하는 길을 선택한 사례 중 가장 끔찍한 경우를 보여주었다. 주후 423년, 그는 약 10미터 높이의 기둥에 올라가 30년 이상을 거기에 머물렀다. 그는 어떤 일이 있어도 거기에서 내려오지 않았다. 심지어 목욕을 하러 내려오는 경우도 없었다. 그는 그렇게 함으로 자기가 거룩함을 유지한다고 믿었다. 그의 친구들이 그에게 먹을 것을 주었지만, 아마 나는 할 수만 있었다면 그가 굶어 지치게 만들었을 것이다. 하지만 그의 친구들은 밧줄을 이용하여 먹을 것을 올려주었다.

세리와 죄인 같은 사람들과 어울리고 우물가의 타락한 여인과 대화를 나누셨지만, 하나님의 아들은 거룩하고 깨끗하셨다. 그분 안에 순수함이 있었기 때문이다. 우리는 내주하는 불로 말미암아 깨끗해지고 안전하게 된다. 숨는다고 안전하게 되는 것이 아니다.

나는 비행기 타는 것을 좋아하는 사람이 아니다. 아마도 나는 너무 이른 시대를 살고 있는 것 같다. 아무튼 이런 나도 비행기로 여행해야 하는 경우들이 있는데, 최근에는 내가 탄 비행기가 소위 '회색 보슬비'(gray drizzle)라고 불리는 것 속으로 들어갔다가 빠져나온 적도 있다. 사실 나는 그때 비행기에 올라타면서 이렇게 기도했었다.

"주여, 이제 저는 주님의 손에 있습니다. 저는 시카고에 도착하든지 아니면 천국의 영광으로 들어갑니다. 둘 중 하나입니다."

하나님의 임재가 보호하신다

하나님의 임재의 불이 어떤 사람 안에 거한다면, 그들은 완전히 안전하다고 나는 믿는다. 그 누구도 그리스도인을 해칠 수 없다. 주께서 허락하지 않으시면 누구도 그리스도인에게 가까이 갈 수 없다. 마귀는 욥을 시험하기 원했을 때 하나님께 말씀드렸다.

"주께서 그와 그의 집과 그의 모든 소유물을 울타리로 두르심 때문이 아니니이까"(욥 1:10).

마귀는 욥에게 손을 대기 전에 하나님의 허락을 받아야 했다. 하나님은 울타리를 여셨고, 마귀는 그리로 슬쩍 들어가 욥을 시험했다. 여기서 알 수 있듯이 하나님의 자녀 안에 불이 거하는 한, 그는 결코 해를 당할 수 없다.

모세가 본 그 떨기나무를 보호한 것은 무엇이었는가? 바로 불이었다! 만일 오늘날 어떤 떨기나무가 불이 붙었지만 타서 사라지지 않는다면, 우리는 나흘 동안 집회를 열고 설왕설래하며 가십거리로 삼다가 결국 "누구도 이 떨기나무를 해하지 못하도록 그 주위에 철조망을 두른다"라는 결의안을 통과시켰을 것이다. 그러나 모세의 떨기나무에게는 보호용 철조망이나 유리관 같은 것이 필요 없었다. 불이 그 속에 있는 한, 누구에게도 해를 당할 수 없었기 때문이다.

내가 이미 말했듯이, 감히 모세의 떨기나무에 접근해 냄새를 맡을 염소는 소아시아(Asia Minor) 어디에도 없을 것이다. 어떤 염소도 냄새를 맡을 수 있을 만큼 그 나무에 가까이 갈 수 없었다. 그렇게 했다가는 떨기나무에서 나오는 열로 인해 코에 화상을 입을 것이기 때문이다. 그 떨기나무에 가까이 가지 않는 것이 안전했다.

　그리스도인은 자기를 방어할 필요가 없다. 오히려 불끈 쥔 주먹을 푸는 연습을 해야 하는 사람들이 있다. 주먹을 풀어라. 당신은 평생 싸우며 살아왔을지도 모른다. 만일 누군가 당신에 대해 좋지 않은 말을 한다면, 아마 당신은 금방 화가 치밀어 "지금 무슨 말을 한 것이오? 당신은 나에게 인신공격했소!"라며 분노의 편지를 그에게 보낼지도 모른다. 모세의 떨기나무가 "저들이 나를 공격합니다"라고 편지를 썼다고 상상해보라.

　그 누구도 그 떨기나무를 공격하지 않았다. 아니, 공격할 수 없었다. 불이 그 안에 거하는 한 떨기나무는 완전히 안전했기 때문이다. 만일 독수리가 해질녘에 앉을 곳을 찾아 공중에서 빙빙 돌고 있었다 해도, 그 떨기나무에는 앉지 않았을 것이다. 만일 그것에 앉으려고 했다가는 즉시 깃털이 불에 그을려 떨어지고 말았을 것이다. 떨기나무 안에 불이 있었기 때문이다.

　헌법, 조례(條例), 규정 또는 교회의 관습 안에 안전이 있는 것이 아니라, 우리 가운데 계신 하나님의 임재 안에 안전이 있다.

하나님이 어떤 교회 안에 거하시면 그 교회는 안전한 교회다. 그러므로 나는 교회를 위해 싸우기 원하는 그룹에는 가입하지 않았다. 의회 앞에 가서 의원들에게 호소하자는 에큐메니컬 성향의 형제들에게 동조하는 일도 없을 것이다.

하나님께서 우리 가운데 계신다. 우리의 떨기나무 안에 불이 있으면 우리는 안전하고, 교회도 안전하다. 성령께서 주시는 안전 말이다!

＊

너, 맑고 깨끗하게 흐르는 물아!

네 주께서 들으실 음악을 만들어라.

알렐루야! 알렐루야!

너, 솜씨 좋고 밝은 불아!

네가 인간에게 따스함과 빛을 모두 주는구나.

오, 그분을 찬양하라, 그분을 찬양하라!

알렐루야! 알렐루야! 알렐루야!

—

앗시시의 성 프랜시스(1181/82~1226), 윌리엄 H. 드레이퍼(1855~1933)
〈우리 하나님과 왕의 모든 피조물들아!〉

chapter

09

___

불 안에서 아름답게
변한 떨기나무

주 우리 하나님의 은총을 우리에게 내리게 하사

우리의 손이 행한 일을 우리에게 견고하게 하소서

우리의 손이 행한 일을 견고하게 하소서 _시 90:17_

"오, 하나님 우리 아버지! 당신의 거룩한 계시의 아름다움을
통해 당신을 알기 위해 제가 당신을 찾나이다. 당신의 불이
제 안에서 타오르게 하시고, 제 안에서 그 아름다움을 가로
막는 모든 것들을 없애 주소서."

고대 그리스의 철학자들이 엄청난 학문적 업적을 이룬 것은 사실이지만, 그들에게는 계시가 없었다. 그들은 맹목 가운데 있었기 때문에, 때로는 진리에 가까이 갔음에도 불구하고 결국은 실수를 저질렀다. 그들은 이렇게 믿었다.

"아름다움은 어떻든 간에 진리의 일부이며, 신에게 가까이 있다. 어딘가에 중심이 되는 미덕이 있다. 우리 인간이 지적 존재이기 때문에 중심이 되는 지성도 있다. 그리고 어딘가에 중심이 되는 아름다움도 있다."

모세는 중심이 되는 아름다움이 어딘가에 있다는 것을 정말 알았다. 그는 "주 우리 하나님의 '아름다움'을 우리에게 내리게 하사"(시 90:17, '아름다움'이 개역개정판 한글성경에서는 '은총'으로 번역되어 있다 - 역자 주)라고 말했다. 모세의 발걸음을 멈추게 한 떨기나무는 누군가 집으로 가져가 그의 뜰에 심을 만한 나무가 아니었다. 그런데 본래 아름답지 않은 그 나무가 이제는 아름답게 되었는데, 그 이유는 불빛을 발하고 있었기 때문이다.

어떤 옛 찬송가에는 "오, 머무소서! 언제나 지극히 오래된, 언제나 새로운 창조되지 않은 아름다움이여!"라는 가사가 나온다. 하나님의 아름다움이 그 떨기나무에 있었다. 예수님이 내려와 인간이 되셨을 때 그분의 옷에서는 상아궁에서 갓 나온 몰약과 침향과 육계의 향기가 났다.

불은 문제를 태워버린다

당신은 불붙은 떨기나무가 되라고 부름 받았다. 지금의 세상을 비유적으로 말하면, '일몰(日沒)의 시대'라고 말할 수 있다. 모세 같은 사람들이 있는데 그들은 하나님을 닮은 사람, 즉 그 안에 불을 가지고 있는 사람을 외롭게 찾고 있다. 저쪽 어딘가에 있는 그 외로운 사람이 당신에게로 시선을 돌릴지도 모른다.

사람들이 그리스도에게서 등을 돌리도록 만드는 잘못을 더 많이 범한 쪽은 세상의 자유주의가 아니라 추한 기독교다. 나는 복음주의자다. 만일 당신이 이 복음주의자의 의미를 약간 왜곡하여 거기에 몇 가지 의미를 무리하게 붙인다면, 나는 내가 복음주의자이며 동시에 근본주의자라고 말하고 싶다. 나는 본질주의자이며, 아직도 살아 있는 우리 선조들의 신앙, 즉 역사적 기독교를 믿는 사람이다.

하지만 복음주의 기독교가 하나님께 가까이 가서 불 가운데 그분을 만나지 못한다면, 그리고 그분이 복음주의 기독교 안에서 타오르며 빛을 발하시지 않는다면, 우리는 계속 문제들을 일으킬 수밖에 없다. 각종 모임을 갖고 사경회를 연다고 해도 그런 문제들을 해결할 수 없다. 이렇게 말하는 것이 나도 미안하지만, 그런 식으로는 해결이 안 된다. 어떤 기술을 발휘하거나 어떤 방법을 사용한다 해도 소용없다. 오직 그리스도와 그분의 아버지만이 해결하실 수 있다. 하나님, 하나님 안에 있는 인간, 그리고 인간 안에 계신 하나님이 해결의 길이다. 성령의 불은 전문가 수천 명이 의논해도 풀 수 없는 무수한 문제들을 다 태워버릴 것이다.

오늘날 성자(聖者)가 어디에 있는가? 이상하고 놀라운 것은 성자는 자기가 성자인 것을 모른다는 점이다. 모세가 만난 떨기나무는 자기의 매력에 대해 전혀 몰랐다. 그것은 불붙은 채로 거기에 있었지만, 자신의 매력을 알지 못했다. 위대한 성자들은 자기들이 성자라는 것을 알지 못했다. 만일 당신이 그들에게 "당신은 성자입니다"라고 말하면, 그들은 웃으면서 당신을 꾸짖고 쫓아낼 것이다. 그들은 자기들이 성자라고 믿지 않았다. 하지만 분명 그들은 성자였다. 예수님의 아름다움이 그들 안에 거했다.

불이 아닌 불붙은 떨기나무로 부르시다

우리는 위대한 존재가 되라고 부름 받은 것이 아니다. 아름다운 존재가 되라고 부름 받은 것도 아니다. 불 속에는 아름다움이 있을지 몰라도, 당신의 담대함이나 용기에는 아름다움이 없다. 우리는 불붙은 떨기나무가 되라고 부름 받았다. 하나님의 일을 하라는 부름을 받았다고 느끼는 사람들에게 내가 해주고 싶은 조언은 싸구려 복음전도자와 아마추어의 저속한 방법들을 피하라는 것이다. 즉, 시장과 은행과 연예 오락의 정신을 교회 안으로 끌어들이는 짓을 하지 말라는 것이다. 그런 방법들을 피하고 멀리하라.

나는 어떤 성경 대학의 총장이 진지한 대화를 하는 중에 "복음주의 교단들은 아마추어리즘(amateurism)이라는 유행병에 시달리고 있습니다"라고 말하는 것을 들었다. 누구나 일어나 한마디씩 한다. 아, 한심한 아마추어리즘! 저속함, 무지, 싸구려 유머! 때로 청중을 잠에서 깨우는 한줄기 위트가 아니라, 바보짓을 해서라도 사람들을 웃기려는 싸구려 광대 짓!

우리에게는 이미 기획자들이 너무 많다. 우리에게 정말 필요한 것은 선지자들이다. 조직을 만드는 사람들은 이미 충분하다. 이제 필요한 것은 만남의 위기 가운데 하나님을 만난 사람들이다. 군중을 끌어모으고 이두박근을 풀어주는 모습을 보이는 '회심한 권투 선수들'은 이미 충분히 있다. 이제 우리에게 필요한 것은 타오르는 불을 품고 있는 사람들이다.

불은 아름답게 한다

오늘날 정신적으로 건강한 사람은 하나님을 잘 아는 사람이다. 세상에서 가장 도리에 밝은 사람은 불을 가장 완벽하게 품고 있는 사람이다. 하지만 만일 당신이 떨기나무 안에 거하는 불에 대해 얘기한다면, 하나님의 영광과 높이 들린 여호와의 인자하심에 대해 말한다면, 세상은 당신에 대해 "저 사람은 미쳤다"라고 말할 것이다. 당신은 온전히 맞는 말을 했지만, 세상은 당신의 말을 이해하지 못하기 때문에 당신이 좀 맛이 갔다고 생각한다. 그러나 이런 경우에서 볼 수 있는 아름다운 점은 세상 사람들이 나중에 그런 당신을 찾아와 도움을 청하기도 한다는 것이다.

이런 아름다운 점이 우리가 그리스도인으로서 일할 때 명심해야 할 가장 중요한 점이 아닐까 하는 생각이 든다. 모세의 떨기나무는 불 안에서 아름답게 되었다. 그로부터 여러 해가 지났을 때 모세는 "주 우리 하나님의 '아름다움'을 우리에

게 내리게 하사"(시 90:17, '아름다움'이 개역개정판 한글성경에서
는 '은총'으로 번역되어 있다 - 역자 주)라고 썼다. 이렇게 썼을 때
모세는 불 안에서 하나님을 보고 만났던 그 엄숙하고 놀라운
시간을 머리에 떠올렸을지도 모른다. 그 떨기나무 안에서 나
타난 하나님의 아름다움을 생각했을지도 모른다.

불은 거룩하게 한다

어거스틴(Augustine, 354~430. 기독교 초기의 교부로 위대한
신학자 및 철학자)는 그의 《고백록》에서 이렇게 썼다.

뒤늦게야 제가 당신을 사랑했나이다. 오, 만고(萬古)의 아름다
움이시여! 언제나 새로운 아름다움이시여! 뒤늦게야 제가 당신
을 사랑했나이다! 당신이 제 안에 계셨지만 저는 밖에 있었고,
밖에서 당신을 찾았나이다. 제 자신이 추했기에 저는 당신이
창조하신 사랑스런 것들 속으로 뛰어들었나이다. 당신이 저와
함께 계셨지만, 저는 당신과 함께 있지 않았나이다. 창조된 것
들이 저를 당신에게서 떼어놓았나이다. 하지만 그것들이 당신
안에 있지 않았다면, 그것들은 전혀 존재하지 않았을 것이나
이다. 당신이 부르셨고, 소리치셨고, 제 듣지 못함을 깨뜨리셨

나이다. 당신의 빛이 반짝였고, 밝게 비추었고, 제 보지 못함을 흩어버렸나이다. 당신은 당신의 향기를 제 위에 불으셨고, 저는 그것을 들이마셔 이제 당신을 몹시 갈망하나이다. 당신을 맛보았기에 이제는 당신을 향한 굶주림과 갈증이 더욱 커졌나이다. 당신이 저를 만지셨고, 저는 당신의 평안을 애타게 찾나이다.

앞에서도 말했듯, 모세가 만난 불이 떨기나무를 정화해서 작은 곤충과 애벌레가 모두 죽었다. 거기에는 온갖 종류의 생명체가 있었을 것이다. 곰팡이부터 시작해서 나뭇잎 아래에서 발견되는 온갖 작은 곤충과 벌레를 거쳐 애벌레와 아직 부화하지 않은 벌레에 이르기까지 다양하다. 그런데 그런 것들이 떨기나무에 있었다 해도, 이 떨기나무에 5분만 불을 갖다 대면 단 하나의 생명체도 살아남을 수 없다. 하나님께서 떨기나무를 보존해주지 않으셨다면, 그것도 타서 사라졌을 것이다. 그러나 모세가 만난 떨기나무의 경우에는 오히려 불이 떨기나무를 끝까지 지켜주었다. 어떤 생명체도 불 안에서 버틸 수 없듯이 어떤 사람도 하나님의 임재의 불 앞에서는 버틸 수 없다.

하나님은 우리에게 필요한 거룩함이시다. 거룩함은 우리가 얻을 수 있고 또 갖고 나갈 수 있는 것이며, 잃어버리지 않도록 잘 지켜야 하는 것이라고 생각하는 사람들이 있다. 그러나 그렇지 않다. 인간의 마음 안에 거하시는 거룩한 하나님이 바로 거룩함이시다. 그분이 거하시는 마음은 거룩하다. 그분이 그 마음 안에 계시기 때문이다. 떨기나무 자체에는 정결함이 없었다. 떨기나무의 불이 꺼지고나서는 그 다음날이 되기 전에 다른 작은 곤충들이 그 나무로 다시 몰려들었을 것이다.

인간의 가슴 안에서 불타는 하나님의 임재가 그 인간의 가슴을 정화한다고 나는 믿는다. 그 불이 방해 받지 않고 타오르는 한, 늘 우리를 따라다니며 우리 인격의 한 부분이 되어버린 저 악들은 타서 흰 재만 남을 것이다. 그리고 그 흰 재는 그 악들이 과거에 어디에 있었는지를 말해줄 것이다.

거칠게 타오르는 불길을 견딜 수 있는 것은 아무것도 없다. 그 불길 앞에서 모든 생명체는 죽게 된다. 우리의 가슴속에 악들이 있어도, 부흥과 기도를 당해낼 수는 없다. 내주하시는 하나님의 임재 앞에서 버틸 수 있는 죄는 없다.

사람들에게 "성화에 대해 정의(定義)해보십시오"라고 한다면 아마도 무수한 정의가 쏟아질 것이다. 그러므로 나는 '성화'라는 말에 대한 교리적 논쟁에 뛰어들 마음이 조금도 없다. 하지만 나는 하나님의 백성이 거룩해지는 것이 그분의 뜻이라고 믿는다. 이런 나의 믿음은 조금도 흔들리지 않는다. 또한 거룩함이 그분과 결코 분리될 수 없다는 것도 확신한다.

하나님은 거룩하시다. 아니, 그분만이 거룩하시다. 그분이 계신 곳에는 거룩함이 있다. 하지만 그분이 계시지 않은 곳에는 오직 우리만 있다. 불이 떨기나무를 정결케 한 방법만이 거룩함에 이르는 길이다. 그 밖의 다른 방법으로 성화에 이를 수 있는 사람은 없다.

＊

당신을 찬양하나이다, 주여,

저를 죄에서 깨끗게 하셨으니

당신의 말씀을 성취하시고

저의 속을 정결케 하소서.

전에 부끄러움으로 불탔던 제 속에

이제는 불을 채우소서.

당신의 이름을 널리 알리기를 간절히 바라오니

제 소원을 들어 주소서.

—

J. 에드윈 오르(1912~1987)

〈오, 하나님! 저를 살피소서〉

하나님의 임재를
가리는 가림막

만군의 하나님이여 우리를 회복하여 주시고
주의 얼굴의 광채를 비추사 우리가 구원을 얻게 하소서 시 80:7

> 오, 하나님! 제가 날마다 간절히 구하는 것은 당신의 얼굴이나이다. 당신의 얼굴을 저에게 숨기지 마소서. 제가 당신의 임재 안으로 들어가게 하시고, 저를 향해 미소 짓는 당신의 얼굴을 즐거워하게 하소서.

그가 누구든지, 그것이 무엇이든지 하나님의 얼굴을 아는 영광스런 지식에서 당신을 멀어지게 한다면 그 사람이나 그것을 피하라.

만일 당신이 그리스도인이라면, 하나님의 미소 짓는 얼굴은 언제나 당신을 향하고 있다. 그럼에도 우리는 왜 그분과 아름다운 관계를 즐기지 못하는가? 왜 우리는 그리스도인임에도 우리의 주와 구주이신 예수 그리스도의 놀랍고 거룩한 빛을 받지 못하는가? 어찌하여 우리는 마음속에서 거룩한 불을 느끼지 못하는가? 하나님과의 화목을 느끼고 체험하고 알고자 하는 마음이 왜 우리에게 없는가? 어찌하여 그런 느낌과 체험과 지식에 이르지 못하는가?

그 이유는 미소 짓는 하나님의 얼굴과 우리 사이에 '차단하는 가림막'이 있기 때문이다.

태양은 언제나 빛을 비추고 있다

태양이 빛을 발하지 않는 날은 전혀 없다. 물론 어두운 날이나 안개 낀 날이 있기는 하다. 어떤 날들에는 너무 어두워서 낮에도 불을 켜야 할 때도 있다. 그렇다! 분명히 어두운 날이 있기는 하다. 그러나 태양은 언제나 가장 밝고 맑은 날만큼 밝게 빛을 발한다. 그런데 그 밝은 빛이 왜 이 땅 위에까지 미치지 못하는가? 그 이유는 태양과 지구 사이에 '차단하는 가림막'이 있기 때문이다!

태양에는 아무 문제가 없다. 태양은 언제나 저 위에서 씩 웃고 있다. 언제나 똑같이 빛을 발하고 있으며, 언제나 밝고 뜨겁다. 그런 태양빛이 땅에 도달하지 못하는 것은 '차단하는 가림막' 때문이다.

우리는 이 '차단하는 가림막'을 어떻게 정의할 수 있을까? 이 말이 날씨에 적용될 때는 그 의미를 쉽게 알 수 있다. 하지만 그리스도인에게 적용될 때에는 어떻게 이해되어야 할까?

이 '차단하는 가림막'은 그리스도인들이 우리의 머리 위에 두는 것이다. 가림막이라고? 이미 속죄가 이루어졌지 않은가? 물론, 그리스도께서 이미 다 이루셨기 때문에 우리가 할 일은 더 이상 없다. 피 한 방울을 더 흘릴 필요도 없고, 창이 그분의 거룩하신 몸을 찌를 필요도 없다. 눈물도, 신음 소리도, 땀 한 방울도, 한순간의 고통도 더 이상 필요 없다. 죽음은 더 이상 우리를 지배할 수 없다. 다 이루어졌다. 영원히 끝났다! 하나님의 얼굴의 빛은 우리 위에서 비치고 있다.

임재를 가리는 것들

그렇다면 이 가림막은 무엇인가? 그것은 한 가지일 수도 있고, 여러 가지일 수도 있다.

1. 고집

그중 하나는 고집이다. 고집은 신앙생활과 깊은 관계가 있다. 당신이 교회에 들어가거나 기도의 골방으로 들어갈 때도 고집은 당신과 함께 들어갈 수 있다. 고집은 변하지 않았기 때문이다. 고집스런 사람은 방해 받지 않고 자기의 뜻대로 할 수 있으면 온화한 모습을 보이지만, 자기의 길이 막히면 불평하며 나쁜 성질을 드러낸다.

당신은 당신의 뜻대로 되지 않아도 신령함을 유지할 수 있을 정도로 온전히 하나님께 굴복하는 삶을 사는가?

2. 야망

또 하나의 가림막은 야망이다. 심지어 종교적 야망도 가림막이 된다. 사람들은 종교의 영역에서도 무엇을 얻겠다는 야망에 사로잡힐 수 있는데, 그런 경우는 하나님의 뜻에 부합하는 것이 아니라 자기 확장을 추구하는 것이라고 생각된다. 그럴 때 생기는 결과물은 그들과 하나님 사이를 가로막는 가림막뿐이다.

이 말은 다른 사람들에게만 해당하는 것이 아니다. 사실, 나도 야망을 버리기 위해 이제까지 나 자신과 싸워야 했다. 나는 목회자로서의 내 자리를 언제든지 초개와 같이 버릴 각오를 하고 설교하거나 내 주장을 펴야 한다. 〈주간연합〉(The Alliance Weekly: 토저가 속했던 교단 '기독교선교연합'의 교단지 - 역자 주) 편집자로서의 내 자리 또는 기독교계에서의 내 위치 같은 것들을 모두 도마 위에 올려놓고 마음을 비워야 한다. 내가 그런 것들을 움켜쥐고 있으면 그것들은 내 머리 위를 덮는 가림막이 되며, 그 무엇도 뚫을 수 없는 '차단하는 가림막'이 된다.

사람들은 그 가림막을 기도로써 뚫으려고 애쓰지만, 그것은 기도로 뚫리는 것이 아니다. 아무것도 그것을 뚫을 수 없다. 금식으로 뚫어서 길을 내보려는 사람들도 있지만, 그렇게 될 수 없다. 충분히 기도한다면 모든 일들이 풀릴 것이라는 생각이 퍼져 있지만, 이것도 맞는 생각이 아니다.

사무엘상 16장을 보면, 사무엘이 이미 하나님께 버림받은 사울 왕을 위해 기도하는 내용이 나온다. 그러나 하나님께서는 그분의 손으로 사무엘의 입을 막으시며 "사무엘아, 사울을 위해 더 이상 기도하지 말라. 그를 위해 기도하지 말라"라고 말씀하셨다.

이와 같은 경우가 여호수아가 땅에 엎드려 기도한 사건을 기록한 여호수아서 7장에 또 나온다. 그때 하나님은 그에게 이런 취지로 말씀하셨다.

"거기서 네 배를 땅에 대고 엎드려 있는 것이 무슨 소용이 있느냐? 배를 땅에 댄다고 해서 내가 은혜를 베푸는 것은 아니다. 일어나 네 상황을 올바로 정리하고 가림막을 찢어라. 그러면 내가 네게 복을 줄 것이고, 네 주위에서 엎드려 신음하는 자들을 모두 구해주리라."

우리의 야망을 버리지 않은 채 기도로 가림막을 찢을 수 있다고 생각하는 것이 우리의 문제다.

3. 두려움

또 다른 가림막은 두려움이라고 불린다. 당신이 무엇을 두려워하든 간에 두려움은 언제나 불신앙의 자녀다. 암에 걸리는 것 아닌가 하는 두려움, 자녀가 아프지 않을까 하는 두려움, 직업을 잃지 않을까 하는 두려움, 전쟁이 일어나지 않을까 하는 두려움, 그 어떤 두려움이라고 할지라도 그것은 언제나 불신앙의 자녀다.

당신의 머리 위에 있는 두려움은 '차단하는 가림막'이며, 미소 짓는 하나님의 얼굴을 당신에게 가린다.

4. 자기사랑

또 다른 가림막은 자기사랑이다. 내 말을 갖고 농담을 하는 사람들이 있을지 모르겠지만, 그래서는 안 된다. 자기사랑은 '차단하는 가림막'이기 때문이다. 자신을 그리스도께 드리고 믿음을 갖고 회심한 그리스도인이라 할지라도 자기사랑에 빠지면 자기 위에 있는 '차단하는 가림막'을 걷어낼 수 없다.

자기사랑을 포기하는 것은 높은 곳에서 떨어졌을 때처럼 고통을 준다. 이와 유사한 자기중심적 죄들로는 자기확장과 자아도취가 있다. 이런 것들이 남아 있으면 '차단하는 가림막'이 무너지지 않는다.

5. 돈

또 다른 가림막은 돈이다. 돈은 하나님과 우리 사이에 끼어들어서 정말로 심각한 문제들을 일으킨다.

몇 년 전에 어떤 복음전도자가 한 말에 의하면, 멋진 시골 풍경을 못 보게 하려면 다임(10센트짜리 동전) 2개만 있으면 된다고 했다. 다임 2개를 갖고 그레이트스모키 산맥으로 가라. 정상까지 올라가서 양쪽 눈에 다임을 갖다 대라. 산들은 여전히 햇빛을 받으며 미소 짓고 있지만, 당신의 두 눈 앞에 다임이 있기 때문에 그것들이 보이지 않을 것이다.

눈이 보지 못하게 만드는 데에는 많은 돈이 드는 것이 아니다. 돈을 중요하게 여기는 부자와 하나님 사이에 10달러가 놓이게 된다 해도, 그 단돈 10달러가 그와 하나님 사이를 가로막을 수 있다.

6. 사람들

또 다른 가림막은 사람들이다. 주님은 코에 호흡이 있는 인간을 두려워하지 말라고 우리에게 말씀하신다. 그럼에도 불구하고 그리스도인들은 사회에서 따돌림 당하기를 원치 않기 때문에 늘 두려움의 가림막 아래에서 살고 있다. 그들은 따로 떨어져 있는 것을 두려워한다. 사회에 동화되는 것이 당신의 목표라면 가림막이 당신의 마음을 덮고 있는 것이다. 교회는 사회를 따르지 말고 하나님의 말씀을 따라야 한다.

또 우리가 생각해봐야 할 것은 친구, 지위, 그리고 우리가 사랑하는 사람들이다. 이것이 아마 제일 힘든 부분이겠지만, 그래도 내려놓아야 한다.

머리 위에서 발 아래로

당신은 이렇게 말할 것이다.

"그렇다면 내가 어떻게 해야 합니까? 내 아버지께서 나를 향해 미소 짓고 계시지만, 이것들이 내 머리 위에서 '차단하는 가림막'으로 덮고 있어 그분의 얼굴이 보이지 않는다면 나는 어떻게 해야 합니까?"

하나님은 '차단하는 가림막'이 '망각의 가림막'으로 변하기를 원하신다. 그분은 당신 위에 있는 이 가림막을 당신의 발 아래에 놓으라고 말씀하신다. 그분의 말씀대로 하면 그것이 '망각의 가림막'으로 변할 것이다.

"형제들아 나는 아직 내가 잡은 줄로 여기지 아니하고 오직 한 일 즉 뒤에 있는 것은 잊어버리고 앞에 있는 것을 잡으려고 … 달려가노라"(빌 3:13,14)라고 말한 사람은 다름 아닌 사도 바울이다. 바울에게 있어서 '뒤에 있는 것'은 그와 하나님 사이의 가림막이었는데, 그는 그것을 그의 뒤에 두었다. 그는 자신의 패배와 실수, 어리석은 잘못들과 잘못 행한 일들, 자신이 바닥에 엎드러졌던 일, 주께서 그의 교만을 처리하셨던 일과 같은 모든 것들을 그의 뒤에 두고 또 그의 발 아래에 두어 '망각의 가림막'이 되게 했다.

그리스도인들이 해야 할 일은 '차단하는 가림막'을 그들의 발 아래에 두어 '망각의 가림막'으로 변화시키는 것이다. 어떤 그리스도인들은 내 말을 이해해서 '차단하는 가림막'을 처리할 것이다. 하지만 또 어떤 그리스도인들은 내 말을 이해하지 못하고, 과거의 이스라엘 민족처럼 광야로 다시 돌아가 '내 신발 속에 왜 모래가 있지?'라고 의아해 할 것이다. 그러나 하나님께서 가림막 반대편에서 여전히 미소 지으며 당신을 기다리고 계신다는 것을 기억하라. 다른 비유로 표현하자면, 당신이 가림막 위로 올라오기를 기다리고 계신다는 것을 기억하라.

당신의 발 아래에 두어야 할 것은 돈, 사람, 친구, 지위, 당신이 사랑하는 사람들, 두려움, 당신의 것이라고 주장하는 모든 것들, 야망, 교만, 완고함, 고집, 그리고 성령께서 지적하실 수도 있는 당신 삶의 어떤 부분들이다. 하나님과 경쟁하는 것이라면 그 무엇이든지 그분과 우리 사이의 가림막이 된다.

지금 나는 우리가 그분과 연합되어 있지 않다고 말하는 것이 아니다. 나는 우리가 의롭다 함을 얻지 못했다고 말하는 것이 아니다. 내가 지적하고 싶은 것은, 그분을 온전히 사랑하고 그분께 합당한 찬양을 드릴 수 있는 능력을 주는 이 놀라운 신적 조명(照明)이 차단되고 치명타를 입고 우리의 가르침에서 배제되는 현상이 세대에서 세대로 이어져 내려왔다는 것이다. 이 신적 조명이 우리에게 없는 이유는 '차단하는 가림막'을 우리의 발 아래에 두려는 마음이 없기 때문이다. 오히려 우리는 하나님과 우리 사이에 이 가림막을 더 두껍게 쳐놓았다.

그러나 이 모든 것들을 우리의 발 아래에 두자. 그러면 우리의 모든 과거, 우리를 괴롭혀온 모든 것, 그리고 우리의 부끄러움과 걱정과 슬픔의 원인이 된 모든 것이 보이지 않게 될 것이다. 그것들은 우리의 발 아래로 내려가 사라져 없어질 것이며, 우리 위에는 맑은 하늘만 있게 될 것이다.

하나님을 기뻐하라

그리스도께서 다시 돌아가실 필요는 없다. 십자가가 다시 세워질 필요가 없다. 그리스도의 속죄에 무엇을 덧붙일 필요가 없다. 가림막이 그분을 가린다 할지라도 그분의 얼굴은 그분의 사람들을 향해 미소 짓고 계시다.

예수님은 이 땅에 계실 때 밝은 눈과 날카로운 통찰력을 갖고 사람들 중에서 행하셨다. 그분은 사람들에게 "그들이 너희에게 말하는 대로 무엇이든지 행하라. 왜냐하면 신학적으로는 옳기 때문이다. 하지만 그들처럼 되지는 말라"라는 취지로 말씀하셨다. 그러자 그들은 "우리가 저 사람을 죽이겠다"라고 말했고, 실제로 그분을 죽였다. 그러나 그분은 제3일에 부활하셨고, 성령을 세상에 보내셨다. 이제 그분은 나의 주님이시고, 또 당신의 주님이시다. 그렇다! 그분은 우리의 귀한 소유이시다.

누구든지 당신에게 "이것이 당신이 가질 수 있는 전부요"라고 말하게 하지 말라. 당신이 얼마나 많이 가질 수 있는지를 말해줄 수 있는 분은 오직 하나님뿐이시다. 누군가 당신에게 "잠깐 얘기 좀 합시다. 흥분하지 마십시오. 광신자가 되지 마십시오"라고 말하게 하지 말라. 왜냐하면 모든 것이 당신의 것이기 때문이다. 그 누구도 당신에게 잘못된 말을 하게 내버려두지 말라.

이제까지 복음주의 그룹들이 해왔던 것처럼 우리가 신앙생활을 계속한다면 현재의 근본주의는 머지않아 자유주의가 되고 말 것이다. 이것은 하나님이 살아 계신 것만큼이나 확실하다. 우리는 성령을 다시 모셔 들여야 하고, 하나님의 얼굴의 빛이 우리에게 비치게 해야 한다. 우리 영혼의 양초들이 밝게 타고 있다. "나는 세상의 빛이라"라고 말씀하신 분의 놀라운 신적 조명을 느끼고 맛보고 안다고 해서 우리가 광신자가 되는가? 쓸데없는 걱정하지 말자. 그런 면에서는 약간 광신자가 되어도 괜찮으니 마음 놓고 나가서 주 안에서 기뻐하자!

만일 그런 것이 광신이라면 그런 것에 빠지는 사람은 정말 아름다운 광신자일 것이다. 그런 광신자라면 정말 복되고 아름다운 사람이다! 그런데 정확히 말하자면, 그런 것을 광신이라고 부르는 것은 정확한 표현이 못 된다. 성경 말씀을 부정하고, 자기 멋대로 상상하고, 기괴한 행위를 일삼고, 하나님의 말씀을 잘못 해석하는 것이 광신이다.

자아, 자기사랑, 두려움, 완고함, 교만, 탐욕, 야망 같은 가림막을 당신의 발 아래에 놓을 마음이 있다면 당신은 더 이상 할 것이 없다. 모든 것이 이루어졌으므로 당신이 밧줄 사다리를 타고 천국에 올라가려고 할 필요가 없고, 당신이 할 일도 남아 있지 않다.

✳

거룩한 사랑의 손을 꼭 잡습니다.

자비로운 약속을 제 것으로 삼습니다.

그분의 약속에 응답합니다.

저는 받고, 그분은 맡아주십니다.

—
A. B. 심슨(1843~1919)
〈저는 받고, 그분은 맡아주십니다〉

THE FIRE OF GOD'S PRESENCE

임재 앞에
무릎을 꿇으라 _____ PART 03

chapter

11

——

불붙은 떨기나무와
공감하라

우리가 주목하는 것은 보이는 것이 아니요 보이지 않는 것이니
보이는 것은 잠깐이요 보이지 않는 것은 영원함이라 고후 4:18

> ❝오, 아버지! 제 마음에 당신을 계시해주셨으니 찬양을 드리
> 나이다. 제 눈이 당신의 임재를 볼 수 없지만, 날마다 당신
> 의 임재로 저를 채우소서.❞

성령의 감동을 따라 말했던 하나님의 사람 바울이 두 가지 종류의 '보는 것'(seeing)을 대조시킨다는 것은 큰 지적 능력이 없어도 쉽게 알 수 있다. 그는 보이지 않는 것을 우리의 육안으로 보라고 조언하지 않았다. 보이는 것을 보는 것은 우리의 외적 눈이지만, 보이지 않는 것을 보는 것은 내적 눈이다. 바울에 의하면, 우리가 외적 눈이 아니라 내적 눈으로 보아야 하는 것들이 있다.

우리를 둘러싸고 있는 삶은 신비로 가득 차 있다. 삶의 본질적인 것은 모두 삶의 신비로운 부분에서 나온다. 우리의 삶 속에서 '설명될 수 있는 부분'이 삶에서 진정으로 가치 있는 부분을 완전히 다 설명해주는 것은 아니다.

예를 들어보자. 우리는 아기들에 관련된 모든 것들을 해부학과 생물학으로 설명할 수 있을 것이다. 하지만 그렇다고 해서 왜 우리가 그들을 사랑하는지를 해부학과 생물학이 설명해주는 것은 아니다. 그것을 설명하는 것은 불가능하다. 그것을 설명하기 위해 아무리 열심히, 아무리 오랫동안 그림을 그리고 시를 쓰고 열변을 토한다 할지라도 불가능하다. 거기에는 우리의 그림이나 시나 말이 포착할 수 없는 근원적인 것이 있기 때문이다. 다시 말해서, 우리로 하여금 아기들을 귀하게

여기도록 만드는 모든 것들에는 미묘하고 다양한 감정들이
녹아 있다.

내적 눈으로만 볼 수 있는 것들

이것은 삶의 거의 모든 부분들에서 마찬가지다. 헤아리기
힘들 것들, 본능적인 것들, 학습되지 않은 것들에 영광이 있
다. 이런 것들이 인생에 의미를 준다. 우리 삶의 영광, 즉 우리
삶의 목표는 외적 눈으로 볼 수 없는 것들에서, 오직 내적 눈
으로만 볼 수 있는 것들에서 발견된다.

두 사람을 예로 들어보자. 10월의 어느 날 오후, 농부와 화
가가 친구들을 만나기 위해 걸어가고 있다. 농부는 옥수수와
살찐 소들을 보고 밝은 표정으로 말한다.

"이제 기계를 가져와 작업을 해야 하네. 그리고 100마리의
소들을 다른 들판으로 언제 옮겨야 할지를 결정해야 하지."

그의 눈에 보이는 것들은 팔고 살 수 있고, 화물차에 실을
수 있고, 달러와 센트로 환산할 수 있는 것들이다.

그런데 똑같은 길을 걷고 있는 화가는 길을 걷는 내내 가
슴이 뛰는 것을 느낀다. 그는 소들을 보지만, 그것들의 가격
이 얼마인지 모른다. 눈에 옥수수가 보이지만, 그것의 물질적

가치를 알지 못한다. 그가 마음으로 보는 것은 측정되거나 매매될 수 없지만, 그럼에도 불구하고 이 세상의 삶에 의미를 준다.

농부가 소를 기르고 옥수수를 기르는 이유는 우유와 고기와 야채를 먹고 이 세상에서 살아가기 위함이다. 그렇지만 화가는 "그래! 자네 같은 사람들 덕분에 우리가 세상에서 살아갈 수 있지. 그런데 우리는 이 세상에서 왜 살지?"라고 묻는다. 살아가는 이유를 말해주는 것은 파란 하늘, 양털 같은 구름, 그리고 단풍잎이다.

'인생은 살만한 가치가 있는가?' 하는 문제에 대해 설명하거나 책을 쓴다고 해서 이 문제가 풀리는 것은 아니다. 어차피 둘 중 하나다. 가치가 있든지, 아니면 가치가 없든지. 하나님께 속한 사람은 사랑의 설렘을 느끼고 사랑의 아름다움을 맛본 사람이라는 것을 누구나 안다. 우리가 이것을 증명할 수는 없지만, 우리는 알고 있다.

밤에 집 밖으로 뛰어나간 개를 생각해보자. 그 개는 별 생각 없이 고개를 들어 별이 빛나는 하늘을 잠깐 쳐다본다. 물론, 개들은 눈이 있으므로 볼 수 있다. 개들은 좋은 눈을 가지고 있고, 잘 본다. 그러므로 하늘에 떠 있는 달과 별들이 이 개의 눈에 들어올 것이다. 그런데 이 개는 달과 별들에게 어떤 반응을 보일까? 아무 반응도 보이지 않는다! 자기가 잡아먹을 동물을 찾기 위해 눈을 부릅뜨고 있는 이 개의 눈에는 달과 별들이 그저 아무 의미 없이 보일 뿐이다.

다윗은 위에 있는 밤하늘과 별들과 달에 대해 말한다. 그는 그것들이 빛을 발하며 노래하면서 하나님에 대해 영원히 증언한다고 말한다. 그것들을 만든 손은 하나님의 손이다.

그것들이 개의 눈에도 보였고 다윗의 눈에도 보였지만, 개는 사실 아무것도 보지 못한 것이다. 그러나 영적으로 감동받은 시인(詩人) 다윗의 눈은 그 모든 것들이 얼마나 경이롭고 영광스런 것인지를 보았다. 그 경이와 영광은 외적 눈으로는 볼 수 없는 것이다.

그 모든 것들에 경이와 영광이 깃들어 있다는 것은 당신이 배워서 알 수 있는 것이 아니다. 당신은 하나님의 아름다운 형상이 새겨진 인간이기 때문이다.

진짜 세계를 진정으로 믿는가

눈에 보이는 세계와는 다른 세계가 있다. 그 다른 세계는 이 세계가 아니다. 이 세상을 다 갖고도 영혼을 잃어버림으로 '아무엇도 아닌 존재'가 되어버릴 수 있다. 그 다른 세계는 구약과 신약의 본질적 주제이기도 하다. 하지만 바쁜 사람들은 그것을 심각하게 여기지 않는다. 그들은 "보이는 것은 잠깐이요 보이지 않는 것은 영원함이라"(고후 4:18)라는 사도의 본문을 뒤집고 약간 편집했다. 만약 그들에게 따지고 든다면 그들은 사도의 말이 맞다고 인정하겠지만, 그들의 실제 삶을 들여다보면 전혀 딴판이다. 그들의 입술은 사도의 말을 인용하지만, 그들의 속마음은 "눈에 보이지 않는 것들은 진짜가 아니고, 아주 쉽게 없어진다. 당신이 볼 수 있는 것들이 진짜다"라고 말한다.

그들은 사람들의 관심이 하나님에게서 땅으로, 저 위 하늘에서 이 '고난과 화(禍)의 베일'로 향하게 했다. 그들은 보이는 것을 강조하면서, "보이지 않는 것에 대해 우리에게 말하지 마시오"라고 말한다. 그들은 우리에게 노력과 열정을 쏟아붓도록 유혹하는 것들에 대해 말해주려고 애쓴다.

예를 들어보자.

'더 많이 갖겠다는 소유욕을 자극하려면 어떻게 해야 하는가?'

'더 큰 자동차, 더 큰 농장, 더 좋은 소를 갖겠다는 욕망을

부추기는 방법은 무엇인가?'

이런 것들이 그들의 대화의 주제다. 사람들은 더 좋은 옷을 입고 싶어 한다. 월급은 더 많이 받으면서 일은 더 적게 하기를 원한다. 사람들은 "우리에게 천국에 대해 말하지 마시오. 우리는 땅에 대해 알기 원하오"라고 말한다.

이런 이야기를 하다 보니 다음과 같은 사도 바울의 말이 떠오른다.

"그러나 우리가 온전한 자들 중에서는 지혜를 말하노니 이는 이 세상의 지혜가 아니요 또 이 세상에서 없어질 통치자들의 지혜도 아니요 오직 은밀한 가운데 있는 하나님의 지혜를 말하는 것으로서 곧 감추어졌던 것인데 하나님이 우리의 영광을 위하여 만세 전에 미리 정하신 것이라 이 지혜는 이 세대의 통치자들이 한 사람도 알지 못하였나니 만일 알았더라면 영광의 주를 십자가에 못 박지 아니하였으리라 기록된 바 하나님이 자기를 사랑하는 자들을 위하여 예비하신 모든 것은 눈으로 보지 못하고 귀로 듣지 못하고 사람의 마음으로 생각하지도 못하였다 함과 같으니라 오직 하나님이 성령으로 이것을 우리에게 보이셨으니 성령은 모든 것 곧 하나님의 깊은 것까지도 통달하시느니라"(고전 2:6-10).

그러므로 이제 우리는 "이 세상의 것들을 지금 우리에게 더주시오. 우리가 보고, 저울에 달아보고, 측정하고, 느끼고, 만질 수 있는 것을 우리에게 주시오"라고 주장하는 철학과 결별해야 한다. 우리는 "나는 보고, 듣고, 만질 수 있는 것을 가져야겠소"라고 말하는 지혜에 대항해야 한다.

물론, 나는 내가 인간임을 잘 안다. 하나님이 내게 주신 몸은 마치 때때로 기름을 넣어주어야 하는 자동차 같다. 나는 때때로 내 몸을 채워주어야 하기 때문에 호박이나 옥수수나 살찐 소 같은 소박한 하나님의 선물을 멸시하지 않는다. 결코 멸시하지 않을 것이다. 하지만 또한 나는 "눈에 보이는 이런 것들은 일시적이지만 보이지 않는 것들은 영원하다"라고 말하지 않을 수 없다.

눈에 보이는 것들의 속박

눈에 보이는 것들에 속박되어 왔다는 것이 이 세상의 화(禍)다. 이런 속박은 어느 지역에서나, 어느 시대에나 사람들을 괴롭혀왔다. 우리가 보이는 것들의 포로가 되어 있는 것이 세상의 가장 큰 저주라고 믿었던 것은 비단 종교만이 아니다. 종교와 관계가 없는 철학자들까지도 그렇게 믿었다.

우리는 자신이 보이는 것들의 사슬에 얽매이도록 허락했다. 그러나 보이는 것들이 궁극적 실재(實在)라고 믿는 것은 큰 오류다. 그것들은 궁극적 실재가 아니라 신속히 사라져버릴 것들이다. 그것들은 보이지 않는 영원한 것들이 스쳐지나가면서 만들어내는 일시적인 그림자 같은 것이다. 그것들은 구름이 풀 덮인 들판 위를 가로질러 지나갈 때 그 구름의 그림자가 들판을 스쳐지나가듯이 지나가고 마는 것들이다. 그럼에도 그것들은 인류의 발목에 채워진 사슬과 쇠뭉치 달린 족쇄다. 그것들이 우리가 날 수 없도록 붙잡기 때문에 우리는 우리의 약한 날개로 날아오를 수가 없다.

'신비'는 오직 하나님께 속한 표현이다. 나는 신비에 대해 말할 때 그 누구에게도 꿈의 세계를 보라고 말하지 않는다. 나는 꿈의 세계나 상상 속의 세계를 믿지 않는다. 나는 상상 속에만 있는 것을 믿지 않는다. 나는 어떤 사람에게 어떤 것에 대해 "보시오. 저기 그것이 있소. 저것이 내가 말하는 것이오"라고 말할 수 있을 때에만 그것에 대해 말한다.

"믿음은 바라는 것들의 실상이요 보이지 않는 것들의 증거니"(히 11:1)라는 성경 말씀에는 "믿음은 당신이 가서 숨을 수 있는 곳이다"라는 뜻이 들어 있는 것이 아니다. 믿음은 실재

(현실)에서 도피하여 숨는 곳이 아니다. 오히려 믿음은 실재(현실)로 들어가는 관문이다. 그렇기 때문에, 그 관문으로 들어가면 진짜 존재하는 것들이 보인다. 우리는 가상적인 것이나 상상 속에 존재하는 것을 받아들이라고 말하지 않는다. 그게 아니라 오히려 정말로 존재하는 것 위에 믿음을 세우라고 말한다.

아브라함은 "하나님이 계획하시고 지으실 터가 있는 성을"(히 11:10) 보았는데, 그는 외적 눈으로 그것을 본 것이 아니라 그의 내적 눈으로 보았다. 그가 본 것은 상상 속에 존재하는 것이 아니었다. 우리는 그에게 몽상가가 되어 그 성에 대하여 황당한 시를 쓰라고 말하지 않고, 오히려 이렇게 말할 것이다.

"아브라함, 보십시오. 저기에 성이 있습니다. 빨리 보십시오. 오랫동안 보지는 못할 것입니다. 그 성이 저기에 있습니다. 당신은 바쁜 사람이니까 얼른 보십시오. 하지만 분명히 저기에 있습니다."

아브라함은 얼른 보았다. 물론 그의 내적 눈으로. 누군가의 말에 의하면, 아브라함은 그것을 본 후 이 땅의 성에서 살지 않았다고 한다. 그는 성 대신에 장막에서 살았다. 이 땅의 성을 그 성과 비교해본 그는 이 땅의 성에 만족할 수 없었다. 아브라함처럼 우리도 유령이나 요정을 믿지 않고 실제로 존재하는 것을 믿는다. 하나님은 실체가 있는 진짜 세계를 계시해 주신다. 그 진짜 세계는 외적 눈으로는 볼 수 없고 내적 눈으로 체험할 수 있을 뿐이다. 그 세계가 유일하고 궁극적인 실재이다.

그림자에 낭비하지 않는 사람들

우리는 대단한 지성의 소유자들을 보고 감탄과 경이(驚異)에 사로잡혀서는 안 된다. 사도 바울은 그런 사람들을 가리켜 "이 세상에서 없어질 통치자들"(고전 2:6)이라고 말했다. 사실, 이 말을 한 사도 바울 자신이 역사상 최고의 지성인 중 하나였다. 아무튼, 하나님과 그분의 말씀을 이해하는 데 필요한 도움을 얻기 위해 우리가 이 세대의 위대한 지성인들을 찾아갈 필요는 없다.

나는 그리스도인의 지혜를 보고 놀라게 된다. 그리스도인에게 지혜가 있지만, 그것은 이 세상의 지혜가 아니다. 그리스도인은 보이지 않는 것들을 이해하고, 경험하고, 보고, 만지고, 다룬다. 그는 가치 있는 것과 가치 없는 것을 구별하는 법을 배웠다. 사물을 판단하는 올바른 기준들을 배웠다. 그러므로 그는 더 이상 돈을 낭비하지 않는다.

그리스도인은 진짜로 존재하는 것이 무엇인지, 그리고 상상 속에서 존재하는 것이 무엇인지를 알게 되었다. 세속적인 사람은 실체와 그림자를 구별하지 못한다. 때로는 그림자에게 자기의 삶을 바치지만, 결국에는 자기가 실체를 놓쳤음을 알게 될 것이다. 그러나 그리스도인은 실체가 어디에 있는지를 안다. 하나님께서 그에게 엑스선(X-ray)처럼 꿰뚫어볼 수 있는 눈을 주셨기 때문에, 그림자를 꿰뚫어보고 시간과 재능과 돈과 노력을 그림자에 낭비하지 않는다. 그는 영원한 실재를 발견했다. 나는 그 영원한 실재가 내 마음속에서 무엇인지를 알지 못하지만, 그 영원한 실재가 모든 이들의 마음속에 있다고 믿는다. '영원'이라는 것이 그 영원한 실재 안에 있다는 것을 알기에 나는 안식할 수 있다.

나는 앞으로 이 세상에 그리 오래 있지는 못할 것이다. 아마 당신도 아주 오래 있지는 못할 것이다. 그러므로 우리가 영원히 소유할 수 없는 것들에 우리의 시간을 투자해서는 안 된다.

마귀가 예수님에게 "이 모든 권위와 그 영광을 내가 네게 주리라 이것은 내게 넘겨준 것이므로 내가 원하는 자에게 주노라"(눅 4:6)라고 말하지 않았는가? 예수님의 주머니에는 1센트도 없었고, 은행에 10센트도 저축해 놓은 것이 없으셨지만 "사탄아, 내 뒤로 물러가라"라고 말씀하셨다. 예수님은 주 여호와 그분만을 섬기겠다고 말씀하셨다.

우리는 눈에 보이지 않는 것들, 하나님, 그리스도 그리고 성령님을 위해 산다.

상징으로 허락된 떡과 포도주

모든 인간은 죽을 수밖에 없고, 그 후에는 심판을 받게 된다. 만일 죽음 다음에 아무것도 없다면 나는 사후에 대해 걱정하지 않을 것이다. 전혀 걱정하지 않을 것이다. 예수 그리스도께서 이 땅에 오셔서 보신 것은 유대교였고, 그분이 보실 때 유대교는 먹고 마시는 육신적 종교 관습이었다. 유대교에는 나름대로의 열심과 정열과 정신이 있었고, 하늘의 것들을 보여주는 예(例)들과 그림자들도 많이 있었다.

우리 주 예수 그리스도께서는 모든 그림자들을 제거하셨고, 복음을 통해 생명과 불멸을 알려주셨으며, 영원한 것을 시간적인 것 속으로 투사하셨다. 또한 끝없는 것을 덧없는 것

안으로 가져오셨으며, "내가 너희를 위하여 거처를 예비하러 가노니 … 나 있는 곳에 너희도 있게 하리라"(요 14:2,3)라고 말씀하셨다. 이 말씀을 하실 때 그분은 마치 집을 구입한 사람이나 농장을 소유한 사람이 말하듯이 그 거처에 대해 말씀하셨다.

그렇다! 그분이 예비하신 거처는 상상 속에 존재하는 것이 아니라 실재였다. 그런데 그분은 그것이 영적인 것이라고 말씀하시면서 모든 그림자들을 제거하셨다. 그분은 "하나님은 영이시니 예배하는 자가 영과 진리로 예배할지니라"(요 4:24)라고 말씀하셨다.

예수 그리스도는 그림자들에 갇혀 있는 유대교로 찾아오셔서 그 그림자들을 모두 제거하셨다. 그분의 말씀에 따르면 하늘나라는 우리 안에 있고, 하나님을 예배하려면 영과 진리로 예배해야 하며, 두세 사람이 그분의 이름으로 모인 곳에 우리의 교회가 있다는 것이다.

그런데 그분이 우리에게 허락하신 '눈에 보이는 상징'이 두 가지 있는데, 바로 떡과 포도주다. 떡은 그분의 부서진 몸을, 포도주는 그분이 흘리신 피를 상징한다는 것이 그분의 설명이다. 그분의 말씀에 의하면, 우리가 모일 때마다 세상 사람들은 우리가 무엇을 하는지 궁금해서 우리의 모임을 슬쩍 들여다볼 것이고, 우리가 떡을 먹고 포도주를 마시는 것을 보게 될 것이다. 그분은 떡을 먹고 포도주를 마시는 것이 그분을 생각나게 할 것이라고 말씀하셨다.

이러한 그분의 말씀에는 다음과 같은 뜻이 담겨 있다고 보면 된다.

"깨달음이 느리기 때문에 눈에 보이는 외형적 모양을 가진 것에서 약간의 도움을 받아야 믿음이 유지될 수 있는 연약한 자들을 위해 내가 떡과 포도주를 허락한다. 떡과 포도주는 내가 너희에게 허락하는 작은 도움이다. 떡을 떼고 포도주를 마실 때마다 나를 기억하라. 하지만 그것들 자체는 아무것도 아니다. 그것들은 상징에 불과하다. 신부의 손가락에 있는 반지가 신랑이 영광 중에 그녀를 기다리고 있다는 것을 그녀에게 상기시키는 상징인 것처럼 말이다. 떡과 포도주는 영원한 실재를 가리키는 상징이다."

✳

나의 하나님, 당신은 얼마나 놀라운 분이십니까!

나의 왕이시여, 당신은 얼마나 빛나는 분이십니까!

등불이 켜져 있는 그 깊은 곳에서,

당신의 은혜의 보좌는 얼마나 아름답습니까!

—

프레더릭 W. 페이버(1814~1863)
〈나의 하나님, 당신은 얼마나 놀라운 분이십니까!〉

지존자의 은밀한 곳에 거하라

지존자의 은밀한 곳에 거주하며

전능자의 그늘 아래에 사는 자여 시 91:1

> 오, 하나님! 당신의 말씀은 제 발에 빛이나이다. 오늘 이 순간 당신이 택하신 길로 우리를 이끌고 인도해주소서. 우리가 그 은밀한 곳을 찾아가 당신의 임재의 안전함과 견고함 가운데 거하도록 도우소서.

시편 91편의 저자가 모세인지 아닌지에 대해서는 모르겠지만, 여기서 이 시를 다루지 않을 수 없다. 만일 그가 이 시를 썼다면, 이 시는 불붙은 떨기나무 체험 이후에 그의 삶이 어떠했는지를 잘 보여주기 때문이다.

모세가 시편 91편에서 말하고 싶은 메시지는 하나님의 임재 안에 있는 경험이 한 번으로 끝낼 것이 아니라는 것이다. 모세는 떨기나무 체험 이후에 지존자의 은밀한 곳에서 행하였다. 즉, 그분의 임재 안에서 행하였다.

떨기나무는 하나님이 아니었다. 불도 하나님이 아니었다. 그분이 떨기나무와 불 안에 계셨지만, 그것은 단지 잠깐 동안뿐이었다. 떨기나무 체험 이후 모세가 어디를 가든지 그의 안에는 하나님의 임재가 있었다.

그의 안에 하나님의 임재가 있었기 때문에 그는 두려움 없이 담대했고, 하나님은 그런 그를 사용하시어 이스라엘을 애굽에서 이끌어내셨다. 또 하나님이 함께하셨기 때문에 그는 바로와 애굽의 모든 자들에게 무릎 꿇지 않고 맞서 싸울 수 있었다.

우리가 하나님을 만나고 그분의 임재를 체험하는 것은 '삶을 바꾸어놓는 체험'이기 때문에 그 체험 후에는 우리의 삶이 과거와 달라지지 않을 수 없다. 이것을 우리가 깨닫는 것이 그분의 뜻이다. '삶을 바꾸어놓는 체험'을 한 사람은 오직 하나님께서만 우리를 통해 이루실 수 있는 것을 그분을 위해 이룰 수 있게 된다.

전능자의 그늘 아래에 사는 자여

모세는 그의 이 노래를 "지존자의 은밀한 곳에 거주하며 전능자의 그늘 아래에 사는 자여"(시 91:1)라는 말로 시작한다. 이것은 매우 중요하며, 모세 인생의 많은 것을 설명해준다. 우리는 하나님의 임재 아래에서, 전능하신 자의 그늘 아래에서 행하고, 살고, 존재한다. 우리는 어둠 속에서 행하지 않고, 우리를 주변의 세상에서 구별하고 지켜주는 전능하신 자의 그늘 아래에서 행한다. 우리는 전능하신 자의 그늘 아래에 있고, 그분의 보호 아래에서 산다.

2절에서 모세는 "나는 여호와를 향하여 말하기를 그는 나의 피난처요 나의 요새요 내가 의뢰하는 하나님이라 하리니"(시 91:2)라고 말한다. 이렇게 말할 수 있는 것은 그가 불붙은 떨기나무를 통해 하나님의 임재를 체험했기 때문이다. 이제 그의 피난처는 하나님 안에 있었다.

때로 나는 이런 의문을 가져본다.

'불붙은 떨기나무의 체험이 있기 전에 모세는 40년 동안 저 산지에 살면서 하루 종일 양을 돌보고 밤에 별들을 쳐다보며 무슨 생각을 했을까?'

'그의 머릿속에는 어떤 생각이 스쳐갔을까?'

이런 것들에 대해 우리는 알 수 없다. 하지만 그가 불붙은 떨기나무에서 하나님을 만났을 때 그의 마음이 영원히 바뀌었다고 나는 믿는다.

이제 그의 마음은 그분을 향한다. 그분이 그의 피난처가 되셨다. 그분이 그의 요새이셨다. 그것이 사실이라면, 그는 그 누구도 두려워하지 않았을 것이다. 하나님께서 그가 행하기를 원하시는 일이 있었다면, 그는 무엇이든지 그것을 행하였을 것이다.

모세의 두려움을 태워버린 불

모세가 애굽을 떠났던 이유는 두려움 때문이었다. 그는 애굽 사람들을 두려워했고, 심지어 동족인 이스라엘 사람들까지 두려워했다. 두려움은 애굽에서 멀리 떨어진 산지까지 그를 내몰았다. 그는 하나님의 백성 이스라엘을 위해 무엇인가를 하기 원했지만, 두려움 때문에 애굽에서 멀리 떠났다.

저 불붙은 떨기나무의 체험은 모세의 삶에서 두려움을 태워 몰아내었고, 오직 하나님을 이해하고 알 때 얻을 수 있는 용기를 그에게 불어넣었다. 나는 3, 4절이 모세의 간증이라고 생각한다.

"이는 그가 너를 새 사냥꾼의 올무에서와 심한 전염병에서 건지실 것임이로다 그가 너를 그의 깃으로 덮으시리니 네가 그의 날개 아래에 피하리로다 그의 진실함은 방패와 손 방패가 되시나니"(시 91:3, 4).

시편 91편 서두의 몇 절은 정말 놀라운 간증이 아닐 수 없다! 그늘로 덮이는 것은 아주 중요하다. 모세는 이에 대해 아주 많이 언급하는데, 그의 말을 생각할 때 나는 내가 어디를 가든지 하나님께서 내 위에서 나를 보호하신다고 믿지 않을 수 없다. 그분은 내게 해를 끼칠 수 있는 것을 내게서 멀어지게 하신다.

우리가 그분의 그늘 아래에서 해를 피할 수 있는 비결은 날마다, 순간마다 그분의 임재 가운데 거하도록 더욱 힘쓰는 것이다. 내가 볼 때, 모세의 삶의 비결도 바로 그것이었다.

이제 다시 애굽으로

모세는 불붙은 떨기나무에서 하나님을 만난 다음, "오, 나는 불붙은 떨기나무에서 하나님을 만났던 날을 기억합니다"라고 간증한 것이 아니다. 우리의 간증 중 너무나 많은 것들이 몇 해 전에 일어난 일들에 뿌리를 두지만, 모세의 간증은 바로 지금 그의 삶에 임한 하나님의 임재에 뿌리를 두고 있다.

내 생각이 틀릴 수도 있겠지만, 나는 모세가 그의 불붙은 떨기나무 체험에 대해 이야기하지 않았을 것이라고 생각한다. 나는 그 사건을 알고 있는 사람은 모세뿐이라고 생각한다. 우리가 알기로는 그 체험에 대해 기록한 사람이 모세이기 때문이다. 그리고 그가 그 체험에 집착하여 계속 그것을 생각했을 것 같지는 않다. 그는 성령의 능력과 나타남 안에서 앞으로 나아갔기 때문이다. 불붙은 떨기나무를 체험한 후, 그는 그에게 철저히 대적하는 세상으로 들어갔다.

당신은 모세가 그의 형과 함께 애굽으로 돌아간 때를 기억하는가? 그때는 심지어 이스라엘 백성조차 그에게 호의적이지 않았다. 그들은 그가 오는 것을 두려워했다. 그들이 당하고 있는 고통의 많은 부분이 모세 때문이라고 생각했기 때문이다.

물론, 애굽이 더 이상 그를 기억하지 않았기 때문에 그는 애굽에서 아무 영향력도 없었다. 그가 젊었을 때 그를 알았던 사람들은 이미 오래 전에 세상을 떠났다. 40년의 세월이 지났기 때문에 현재 애굽에서 그를 상대하고 싶어 하는 사람은 없었다. 현재 애굽의 통치자 바로도 그를 상대하기를 원치 않았고, 심지어 몇 번이나 그를 무시했다. 그러나 모세는 결코 굽히지 않았다. 전능자의 그늘 아래에서 사는 그를 두렵게 할 수 있는 것은 전혀 없었기 때문이다. 그 무엇도 그를 돌이킬 수 없었다.

모세는 "네가 말하기를 여호와는 나의 피난처시라 하고 지존자를 너의 거처로 삼았으므로 화가 네게 미치지 못하며 재앙이 네 장막에 가까이 오지 못하리니"(시 91:9,10)라고 말한다. 이스라엘 민족을 놓아주도록 바로에게 압력을 가하기 위해 하나님께서 모세를 통해 보내신 재앙들을 기억하는가? 그 재앙 중 어느 것도 하나님의 백성을 건드릴 수 없었다. 당시 그분의 백성은 지극히 높으신 하나님의 우산 아래에 있었던 모세의 우산 아래에 있었기 때문이다.

임재는 사명을 감당하게 한다

하나님은 온전한 자질을 갖추고 준비된 모세를 보내셨는

데, 그것은 이스라엘 민족을 애굽인들에게서 보호하시기 위함이었고, 또 그분이 아주 오래 전에 아브라함에게 약속하셨던 가나안 땅으로 그들을 이끌고 들어가시기 위함이었다.

그때에 모세가 얼마나 많은 어려움을 견뎌야 했는지에 대해서는 나로서는 상상이 안 된다. 심지어 그가 애굽을 떠나 이스라엘 민족을 이끌고 강을 건너 가나안으로 들어갔을 때에도 그들의 불평과 반항을 참아내야 했다. 그렇게 할 수 있었던 것은 하나님의 임재 안에 거했기 때문이라고 생각된다.

모세가 십계명을 갖고 산에서 내려온 때를 기억하는가? 그의 얼굴은 사람들이 감히 쳐다보지 못할 정도로 빛나고 있었다. 그는 자기의 얼굴이 빛을 발하는 것을 알지 못했지만, 전에 불붙은 떨기나무 안에 있던 불과 동일한 불이 그때 그의 얼굴에 있었고, 그는 수건으로 자기 얼굴을 가려야 했다.

하나님께서 행하고 계신 일을 이해하지도 못하고 믿지도 못하는 사람들이 모세와 동행했다면, 매우 힘들어했을 것이다.

모세는 하나님께서 다른 방법으로는 이루어질 수 없는 일을 이루시기 위해 그를 사용하실 것임을 알았다. 그분은 그를 보내셨는데, 그 보냄 가운데 그분의 임재가 순간마다 거했다. 만일 내가 모세의 시대에 살았다면, 그와 대화를 나누며 "하나님의 임재 가운데 행하며 두려움 없이 소망과 믿음을 가지고 앞으로 나아가는 것이 어떤 것이었는지에 대해 얘기를 좀 해주실 수 있습니까?"라고 부탁했을 것이다.

우리의 믿음은 하나님께서 우리의 삶에 임하여 활동하시는 것에 따라 좌우된다.

"그러므로 믿음은 들음에서 나며 들음은 그리스도의 말씀으로 말미암았느니라"(롬 10:17).

우리에게 믿음이 있다면, 그것은 우리 안의 임재 때문이다. 즉, 우리의 삶의 모든 것을 변화시키게 될 하나님의 임재 때문이다. 많은 이들에게 믿음이 있지만, 그 믿음이 모세에게 있었던 믿음과 같은 종류의 믿음은 아니다. 모세의 믿음은 하나님의 임재를 마음껏 누리는 믿음이었다. 우리가 그분의 임재 안에서 행하기 시작하면, 그 밖의 모든 것은 중요하지 않다. 나는 날마다 하나님의 임재 안에 있기를 갈망한다. 그분의 임재가 내 삶에 힘을 불어넣어주기를 정말 바란다.

우리의 육체적 삶은 매우 제한되어 있지만, 하나님의 임재는 제한이 없다. 그분의 임재는 우리의 모든 문제와 어려움을 극복하게 해준다.

불붙은 떨기나무를 체험하라. 그리고 날마다 여호와의 임

재 안에서, 전능자의 그늘 아래에서 앞으로 나아가라. 당신이
그분의 뜻대로 행하는 데 필요한 모든 것들은 그분의 은밀한
곳 안에 있다.

*

오, 사랑과 능력의 삼위일체시여!

위험의 시간에 우리 형제들을 보호하소서.

그들이 어디로 가든지

바위와 폭풍우로부터, 불과 원수로부터

그들을 지켜주소서.

그리하시면 기쁨의 찬양이

하늘과 땅과 바다에서 당신께

영원토록 올라갈 것이나이다.

—

윌리엄 와이팅(1825~1878), 존 바커스 다익스(1823~1876), 로버트 넬슨 스펜서(1877~1861)
〈영원한 아버지시여!〉

확실한 체험이
필요하다

여호와의 언약궤를 멘 제사장들은 요단 가운데 마른 땅에 굳게 섰고
그 모든 백성이 요단을 건너기를 마칠 때까지
모든 이스라엘은 그 마른 땅으로 건너갔더라 수 3:17

"우리의 주와 구주이신 예수 그리스도의 영원한 아버지시여!
제가 당신을 찬양하는 것은 저를 위해 당신을 체험할 수 있
는 은혜를 주셨기 때문이나이다. 당신이 날마다 제 삶에 임
재하시므로 감사하나이다."

여호수아서 3장은 이스라엘 민족이 어떻게 요단강을 건너 약속의 땅 가나안에 들어갔는지를 우리에게 말해준다. 그들은 가나안에 들어가기 위해 분명하게 그어져 있던 어떤 선을 완전히 넘었다. 그 선을 넘는 것이 전기(轉機, crisis)의 절정이었다. 그것은 '사건'이었다. 여기에서 우리는 하나님께서 일하시는 방법을 보게 된다.

피조 세계가 존재하지 않았던 때가 있었다. 그리고 하나님께서는 천지를 창조하셨다. '창조'라는 사건이 일어난 것이다. 전기(轉機)가 지나갔고, 천지가 탄생했다. 인간이 창조되었고, 그 후 타락했다.

삶을 가르는 분명한 경계선들이 있다

성경을 쭉 읽어 가다보면 어떤 분명한 경계선들을 보게 된다. 어떤 사건들이 일어나며 그 경계선들이 만들어졌고, 그 다음에는 상황이 달라졌다. 사건 다음에는 목표와 발전과 정복이 찾아온다.

사건이 일어나지 않으면 성장도 없다. 출생이 없다면 성장도 없다. 강을 건너지 않으면 강 너머의 땅을 정복하는 일도 없다. 사건이 먼저 일어나야 한다. 그래야 그 다음의 상황이

전개된다. 늘 그렇다.

요단강을 건너고 강물이 원래의 상태로 돌아갔을 때, 여호수아는 백성에게 기념물을 세우라고 명령했다. 강의 바닥에서 취하여 사용된 돌들은 말 그대로 경험 자체에서 나왔다고 할 수 있다.

대개 강물 속에서 취한 돌들에는 날카로운 모서리가 없다는 점을 고려할 때, 당시 여호수아가 취한 돌들은 둥근 모양이었을 것으로 추정된다. 이 둥근 돌들은 기념물로 사용될 수 있을 만큼 컸을 것이다.

그리고 이스라엘 사람들은 그것들을 그냥 땅 위에 수북이 쌓아놓지 않고, 영구적인 기념물이 되도록 특정 형태로 조심스럽게 쌓아놓았을 것이다.

여호수아는 이스라엘 사람들에게 이렇게 말했다.

"만일 누군가 이 돌들이 왜 여기에 있느냐고 묻는다면 분명히 그에게 '이것들은 한 사건을 기념하는 것이다. 이것들은 일어난 일, 즉 전기(轉機)를 상징한다. 이것들을 볼 때 너와 네 자손 세대들은 여기서 일어난 일을 기억할 수 있을 것이다'라고 말해주어라."

그러나 오늘날에는 분명하지 못한 기독교 신앙이 너무 많다. 우리 중 대부분의 사람들이 처해 있는 '반쯤 죽은 상태'와 '부흥'의 차이는 경험의 분명함과 예리함의 차이 때문에 생긴다. 부흥이 일어나면 어떤 이들은 분명한 체험을 갖게 되는데, 바로 그 체험이 우리가 기대하고 목표로 삼아야 하는 것이다.

당신 옆의 형제자매들을 보라. 그에게 사건이 일어났고, 그는 그리스도인이 되었다. 아니면 그가 영적으로 죽은 그리스도인이었지만, 성령의 충만 가운데 그에게 어떤 일이 일어났고, 그는 살아나 영적인 그리스도인이 되었다. 부흥으로 이끄는 사건, 즉 전기가 우리에게 일어나야 한다. 그런 것이 없는 것이 오늘날 우리의 문제다.

무의식적 기독교 신앙이란 없다

내적인 영적 경험을 갖지 못한 사람은 그리스도인의 신앙을 갖지 못한 것이다. 그런 사람은 집회에 참석하는 사람일 뿐이지 진정한 그리스도인은 아니다. 무엇인가를 의식하고 알게 되는 것은 경험(체험)을 통해 이루어진다.

무의식적 기독교 신앙이라는 것은 존재할 수 없다고 나는 믿는다. 내가 볼 때, 속량의 영역에서 하나님께 얻을 수 있는 것이 무의식적으로 주어지지는 않는다. 밤에 잠자리에 들었다가 아침에 깨어보니 자기가 그리스도인이 되어 있었다고 말할 수 있는 사람은 아무도 없다. 진정한 그리스도인은 하나님이 살아 계시며, 그분이 그의 죄를 용서하시고, 그의 마음에 말씀하셨다는 것을 안다. 이것이 의식적으로 아는 것이다.

이스라엘 자손이 요단강을 건너간 사건을 보고 내가 도달한 합리적 결론은, 그들이 그 사건의 의미를 알았다는 것이다. 그들에게 그 사건은 극적이고 생생한 경험이었다. 그들은 강 안에 있었던 때와 강 건너에 도달한 때를 알고 있었다. 그들은 기념물을 세울 장소와 때를 알고 있었다. 그리고 그 기념물이 그들의 삶 속에서 일어난 분명한 영적 사건의 표징이 될 것임을 알았다.

만일 당신이 과거에 일어난 경험을 의식적으로 알지 못한다면, 나는 그 경험이 일어나지 않았다고 결론 내린다. 나는 이런 내 결론이 합리적이라고 생각한다.

자신이 성별(聖別)되어 바쳐진 것을 알지 못한다면, 그 사람은 성별되어 바쳐진 것이 아니다. 전쟁터에 나가 적과 싸우는 병사를 예로 들어보자. 어느 날, 그는 자신이 적들에게 포위되어 있는 것을 알게 된다. 적은 총부리를 겨눈 채 "항복하라!"라고 소리치고 있다. 그는 총을 내려놓고 두 손을 들고 항복한다. 그가 기억상실에 걸리지 않는 한, 그는 일생 이 사건을 기억할 것이다.

로버트 E. 리(Robert E. Lee, 1807~1870. 미국 남북전쟁 당시 남군의 장군)가 자신의 검을 북군의 장군 율리시스 S. 그랜트(Ulysses S. Grant)에게 넘겨주고 그랜트 장군이 그 검을 다시 리 장군에게 건네주었을 때, 리 장군은 자기가 항복했다는 것을 알았다.

당신이 주께 의식적으로 굴복한 것이 아니라면, 그분께 굴복한 것이 아니다.

선을 넘어 승리의 땅으로

이스라엘 사람들이 열두 개의 돌을 가지고 모였을 때, 유다 지파를 대표하는 지도자가 돌을 바닥에 내려놓으며 "이것이 내가 가져온 돌입니다"라고 말했을지도 모른다고 나는 상상해본다. 르우벤 지파의 지도자도 그의 돌을 가져왔고, 다른 지도자들도 그들의 돌을 가져왔을 것이다. 그들은 각자 돌을 내려놓으며 "자, 내 돌이 여기 있습니다"라고 말했을 것이다. 이런 식으로 그들은 열두 지파를 대표했다.

여호와께서 요단강을 말리시고 이스라엘을 건너게 하셨다

는 말을 들었을 때 이스라엘의 적들은 그분이 예언하신 대로 행동했다. 이에 대해 여호수아서 5장 1절은 이스라엘의 적들이 "마음이 녹았고 ⋯ 정신을 잃었더라"라고 말한다. 그런 그들을 두고 우리는 '그들의 사기가 꺾였다'라고 표현하겠지만, 성경은 그들이 집단적으로 마음이 녹았다고 말한다. 나는 성경의 표현이 훨씬 더 적절하다고 본다.

이스라엘의 입장에서 말하자면, 그들의 장애물들이 사라지며 승리가 눈앞에 보이기 시작한 것이다. 이 모든 것이 가능해진 것은 그들이 의식적으로 요단강을 건너고 그들의 돌들을 내려놓으며 "우리는 이미 저 선(線)을 넘었다"라고 선언했기 때문이었다.

＊

어떤 이들은 물을 통해,

어떤 이들은 홍수를 통해,

어떤 이들은 불을 통해,

하지만 모든 이들은 피를 통해.

하나님은 큰 슬픔을 통해

어떤 이들에게 노래를 주신다.

밤의 시간에,

그리고 하루 종일.

——

G. A. 영(G. A. Young, 1855~1935)
〈하나님은 계속 인도하신다〉

떨기나무 앞에서
무릎 꿇다

진실로 다시 너희에게 이르노니

너희 중의 두 사람이 땅에서 합심하여 무엇이든지 구하면

하늘에 계신 내 아버지께서 그들을 위하여 이루게 하시리라

두세 사람이 내 이름으로 모인 곳에는 나도 그들 중에 있느니라 마 18:19,20

> 하나님의 임재를 누리는 사람들이 있는 곳에 함께 모이는
>
> 것은 대단한 특권이나이다. 오, 아버지! 우리가 모인 곳에서
>
> 당신의 임재는 실로 소중하고 감사한 것이나이다.

만일 어떤 교회가 진정한 교회라면, 그것은 단순히 조직화되고 체계가 잡힌 한 단체가 아니라 신앙 공동체이다. 누구라도 교회를 만들고, 목회자를 세우고, 운영위원들을 선출할 수 있을 것이다. 하지만 그렇게 만들어진 단체가 신앙 공동체가 아니라면, 그것은 신약성경이 말하는 교회가 아니다.

신약성경이 말하는 '교회'는 하나님을 찾고, 느끼고, 그분의 음성을 들으며, 그분이 계신 곳에 있고 싶다는 갈망에 사로잡혀 하나로 뭉친 사람들의 무리가 되어야 한다. 그리스인들이 그들의 거룩한 장소로 나아갔고, 유대인들이 그들의 성소로 나아갔듯이, 교회는 하나님이 계신 곳에 있기 원하는 만고(萬古)의 갈망과 늘 새로운 갈망에 이끌려 하나로 뭉친 사람들의 무리다. 그렇다! 교회는 '어떤 한 인간' 안에서 나타나신 하나님을 보고, 느끼고, 그분의 말씀을 듣고 싶어 하는 소원에 이끌려 모인 무리다. 그 하나님은 목사나 장로 안에서 나타나신 하나님이 아니라, 죽은 자들로부터 다시 돌아와 영원히 살아 계신 '어떤 한 인간' 안에서 나타나신 하나님이시다.

하나님의 임재를 분별하는 믿음

우리는 불붙은 떨기나무 앞에서 무릎 꿇어야 한다. 그 떨기나무에 하나님이 임하셨기 때문이다. 우리는 은혜의 보좌 (mercy seat)로 나아가야 한다. 거기에 그분의 임재가 있기 때문이다. 그곳은 그분의 임재의 장소들이었다. 하나님께서 육체적으로 임재하시는 것은 아니지만, 그분이 말 그대로 '임재' 하신다는 것을 기억하라. 그분이 육체적으로 임재하신다고 상상하는 것은 잘못된 것이다.

성경은 그분이 육체적으로 임재하시는 것은 아니지만 그분이 실제로 임재하신다고 가르친다. 모세의 경우에는 그분의 임재가 떨기나무 안에서 나타났다. 그분이 불붙은 떨기나무 안에 육체적으로 임재하신 것은 아니었다. 그룹들의 날개들 사이에 육체적으로 임재하신 것도 아니었다. 불과 구름 안에 육체적으로 임재하신 것도 아니었다. 하지만 그럼에도 불구하고 떨기나무 안에, 그룹들의 날개들 사이에, 그리고 불과 구름 안에 그분이 임재하신 것은 사실이다.

그리스도께서 머리로 계신 몸(교회) 안에 거하시는 하나님의 임재를 분별할 수 있는 믿음을 갖자. 교회가 구약 성전의 성소처럼 거룩한 곳이라는 것을 인식하자. 그리고 하나님께서 그리스도를 보시고 우리를 용서하신 것처럼 우리도 서로 용서하자.

혹시 누군가에게 원한을 품고 있는 것은 아닌지를 확인하기 위해 당신의 마음속을 살펴볼 용의가 있는가? 이 질문에 당신이 "그렇소"라고 대답한다고 치자. 그런데 그 사람이 아직 회개하지 않았다면 어떻게 해야 할까? 그럴 경우라 할지라도 당신은 그가 회개할 때까지 기다리지 말아야 한다. 그가 회개할 때까지 기다리지 말고, 지금 그를 용서하라. 우리는 하나님 앞에서 순종을 다짐해야 한다. 용서하지 않는 마음 때문에 하나님께 집중하지 못하는 일이 없도록 하라.

만일 당신이 그분의 임재를 느낀다면, 그 느낌은 지금 이 순간부터 당신의 삶을 변화시킬 것이다(당신이 살아 있는 동안에는 그렇게 될 것이다). 그 느낌은 약하고 피곤하고 병든 사람에게 불로장생의 영약을 주사하는 것 같을 것이다. 그것은 당신을 완전히 바꾸어놓고, 고양시키고, 정결케 하고, 육신적 욕구의 지저분한 것들에서 당신을 건져내어 지금부터라도 당신의 삶에서 매력적인 광채가 나게 할 것이다.

하나님을 향한 갈망을 주시다

중요한 것은 신자들의 무리가 하나님의 임재가 나타나는 중심까지 이끌릴 정도로 그분에게 매료되는 것이다. 우리가 알고 있는 최선의 방법은 그분이 다시 오실 때까지 그분의 죽음을 기리는 것이다. 그리고 우리는 다음과 같이 말할 수 있다.

"만일 경건하지 못한 생각이 있다면, 용서하지 않는 마음이 있다면, 순종하지 않는 마음이 있다면, 나는 하나님께 '그들을 불쌍히 여기소서. 그들은 자기들이 무엇을 하고 있는지를 알지 못합니다'라고 기도할 수 있을 뿐이다."

이는 몸을 분별하고 떨기나무를 인정하기 위함이다.

'무엇에게 매료되는 것'(fascination)은 우리 인간이 하나님의 형상으로 만들어졌다는 성경의 교리에 그 뿌리를 두고 있다. 다른 존재의 형상을 따라 만들어지면 자신의 원형(原型)을 깊이 들여다보고 싶은 소원을 가지게 된다. 이것이 '매료되는 것', 즉 하나님을 찾고 싶어 하는 갈망이다. 그런데 인간은 죄를 지었기 때문에 하나님을 두려워한다. 그리고 그런 두려움 때문에 아담처럼 동산의 나무들 사이에 숨는다.

어떤 사람들, 특히 그리스인들은 신이 어떤 특정 장소에 거한다고 믿었기 때문에 그들만의 거룩한 산, 바위들로 덮인 산꼭대기나 작은 숲을 구별해 놓고 신이 그곳에 거한다고 생각했다. 그리고 그런 장소들에 가서 그들의 신을 경배했다. 경배의 장소에 다가갈 때 그들은 신이 실제로 그곳에 거한다는 생각 때문에 강렬한 감정에 사로잡혔는데, 그런 감정이 기쁨에 도취한 그들의 노래와 춤을 통해 나타났다는 것이 역사의 증언이다. 그들은 목에 화환을 두른 어린 암소를 경배의 장소로 데리고 가서 경건한 마음으로 제물로 바쳤고, 당시의 시인들은 그들의 신을 찬양하는 시를 써서 사람들과 함께 불렀다. 이런 것은 길을 잃어 하나님을 떠나 있음에도 불구하고 '이해하기 힘든 매료됨의 감정'에 사로잡혀 있는 사람들의 노력을 보여준다. 이런 감정은 그분을 찾기를 갈망하지만 찾을 수 없는 사람들의 마음에 그분이 심어주신 것이다.

그리스도 안에 임하신 하나님의 임재

그 후 하나님은 세상에 증거를 주셨고, 오류와 환상과 그림자를 쓸어버리셨다. 그분은 구약이 힌트를 주었던 것, 구약이 가리켰던 것, 구약이 그것을 위해 우리를 준비시켰던 것을 보여주셨다. 하나님께서는 그분이 산이나 작은 숲에서 나타나시지 않고 '임마누엘'이라는 이름의 인간의 모양으로 나타나실 것임을 보여주셨다. 그렇기에 임마누엘께서는 "나를 본 자는 아버지를 보았거늘"(요 14:9)이라고 말씀하실 수 있었다.

'음메' 하고 우는 어린 암소를 끌어다놓을 거룩한 산이 없어도, 시인들이 신들을 찬양하는 노래를 만들어 바칠 거룩한 작은 숲이 없어도, 하나님께서는 이제 그분의 나타나심(현현)의 중심이 되시는 '그 인간' 안에 거하신다. 인간으로서 그분은 하나님의 나타나심의 중심이 되신다. 그리고 하나님으로서 그 중심은 어느 곳에나 있을 수 있다. 이것을 요약해서 표현한 것이 그분의 이 말씀이다.

"두세 사람이 내 이름으로 모인 곳에는 나도 그들 중에 있느니라"(마 18:20).

그 중심은 모세가 불붙은 떨기나무 속에서 보았던 것이다. 이 사실은 어둠과 혼란에 빠진, 거듭나지 못한 마음이 만들어 낸 온갖 희미한 사상들과 완전히 대조된다. 하나님께서는 그분이 거하시는 중심을 우리에게 주셨다. 그분이 어느 곳에나 계시기 위함이다. 내가 볼 때, 하나님께서 어디에나 계시다는 것은 유대인과 그리스도인이 모두 믿는 사상이다. 그런데 그리스도인은 '하나님이 나타나시는 점(點)'이 있다고 믿는다. 그 점, 즉 '나타나심의 중심'은 우리 주 예수 그리스도이시다.

하나님으로서 그 점은 어느 곳에나 있을 수 있다. 은혜의 보좌를 찾는 사람은 그 보좌를 어느 곳에서나 찾을 수 있다. 그렇기 때문에 그분은 "진실로 다시 너희에게 이르노니 너희 중의 두 사람이 땅에서 합심하여 무엇이든지 구하면 하늘에 계신 내 아버지께서 그들을 위하여 이루게 하시리라 두세 사람이 내 이름으로 모인 곳에는 나도 그들 중에 있느니"(마 18:19,20)라고 말씀하신다.

최초의 그리스도인들이 행한 것은 매우 단순했다. 그들은 그들이 보기에 하나님의 분명한 임재의 중심이라고 생각하고 믿은 '그 사람'의 이름으로 모였다. 그렇다! 그들은 그분의 이름으로 모였다. 하나님의 분명한 임재의 중심이 그들의 산이고, 그들의 작은 숲이고, 그들의 떨기나무이고, 그들의 시은좌이고, 그들의 지성소이고, 그들의 거룩한 곳이었다. '그 인간'은 그리스인들이 찾고 원했던 모든 것이셨고, 유대인들이 기쁜 마음으로 찾았던 모든 것이셨다. 그분은 그 모든 것이셨다. 그들은 함께 모일 때 그분의 이름으로 모였다. '그 인간'은 죄라는 분열의 장벽을 무너뜨리기 위해 죽으셨다. 그분의 죽음은 두려움을 제거했지만, 그러면서도 '매료됨'이라는 요소를 그대로 보존하였다.

초기의 그리스도인들은 하나님을 무서워하지 않았다. 그들은 피를 바치지 않았다. 그들의 증언에 의하면, 희생의 피는 하나님이시며 인간이시고, 인간이시며 하나님이신 분에 의해 이미 흘려졌다. 그렇기 때문에 그들은 하나님을 무서워하지 않았다. 마치 자석이 끌어당기는 것 같은 힘으로 그들을 끌어당기는 '경외에 찬 매료됨'이 그들을 사로잡고 있었다.

그런 매료됨 때문에 하나님께로 이끌렸지만, 산으로 간다고 해도 하나님을 발견할 수는 없었다. 그분이 산에 계시지 않았기 때문이다. 작은 숲으로 들어간다 해도 그분을 발견할 수 없었고, 그분의 임재를 갈망하는 그들의 소원을 만족시킬 수 없었다. 그분이 그곳에 거하시지 않았기 때문이다. 어떤 교회 건물에 들어간다 해도 만족을 얻을 수 없었다. 바울이 분명히 지적한 대로 하나님은 손으로 만든 성전들에 거하지 않으시기 때문이다. 그러나 그들은 그분의 이름으로 모임으로써 만족을 얻었다. 그분의 이름으로 모이는 곳이라면 어디에나 그분이 계셨기 때문에, 그리스도인의 무리가 모이는 곳이라면 어느 곳이나 그들의 성소였다. 주님의 이름으로 모이는 곳이라면 어디나 그들의 거룩한 산이었다. 그들은 "그분은 죽은 자들로부터 다시 돌아오셨다. 그분은 죽으셨지만 이제부터는 더 이상 죽은 자가 아니시다. 무덤에 계셨지만 이제는 무덤 밖에 계시다. 그분은 영원무궁토록 완전한 생명과 권세를 가지고 계신다"라고 말했다.

그들은 그분에게로 와서 모일 때 그분이 그들의 장소에 계시다는 것을 알았기 때문에 그분이 오시도록 간구하지 않았다. 그렇다! 그들은 그분이 그곳에 계시다는 것, 충만한 신성(神性)이 그곳에 임재한다는 것을 알았다. 과거에 그분이 이스라엘 민족 위에 있던 구름 기둥과 불 기둥 안에 감추어져 계셨던 것처럼, 그분은 그들의 눈에 보이지 않으셨다. 하지만 충만한 신성이 분명히 그들의 모임 가운데 있었다.

그분이 "나를 본 자는 아버지를 보았거늘"(요 14:9)이라고 말씀하셨지 않았던가? 그들은 한 장소에서 모두 한 마음이 되었다. 그분께 와서 함께 모였을 때 그들은 신성의 나타남의 중심이 되었다. 갑자기 그들 모두가 성령으로 충만해졌다. 사도행전 13장의 기록에 의하면, 그들이 주님을 섬기며 기도할 때에 성령께서 "내가 불러 시키는 일을 위하여 바나바와 사울을 따로 세우라"(행 13:2)라고 말씀하셨다.

함께 모였을 때 그들에게는 다른 목적이 없었다. 그리스도인들이 그들의 모임 장소가 거룩한 산이라는 것을 인정하지 않는다면, 주님을 섬기겠다는 목적으로 모이지 않는다면, 그들의 모임은 잘못된 것이다. 여기에 그들의 거룩한 목표가 있다. 여기에 고대 그리스인들이 신들의 거처라고 믿었던 저 하늘을 찌를 듯 우뚝 솟아 있는 그들의 영적 벼랑의 정점이 있다.

이 집회, 즉 그리스도인들의 모임이 불붙은 떨기나무 앞에 모이는 것이고, 거룩한 산이며, 거룩한 작은 숲이고, 신성한 언덕이다. 비록 로마인들이나 유대인들을 두려워하여 어딘가에 숨어서 몰래 모였을지라도 그들은 함께 주님을 섬겼다. 아마 그들은 누군가의 집에서 모였을 것이다. 회당에서도 모였을 것이다. 빌렸거나 구입한 어떤 건물 안에서도 모였을 것이다. 그곳이 어디든 간에, 거룩한 것은 건물이 아니었다. 하나님이시기 때문에 그분은 어느 곳에나 계셨다. 그들은 주님을 섬기고 기도했기 때문에 함께 거룩했다.

네가 왜 여기 있느냐?

고린도전서의 구절에 따르면, 고린도교회에는 문제가 있었다. 교인들이 주님의 임재를 인식하지 못했고, 또 주님의 몸을 분별하지 못한 채 모였기 때문이다. 떡과 포도주가 하나님이시라고 믿는 믿음을 그들에게 요구한 사람은 아무도 없었지만, 그리스도인들이 모여 떡을 떼고 포도주를 마시는 곳에서는 어디에나 하나님이 임재하신다는 믿음이 그들에게 필요했다. 그런데 그들에게는 그런 믿음이 없었고, 그런 믿음을 가지려는 마음도 없었기 때문에 그들에게 문제가 생긴 것이다.

그들은 하나님의 아들 안에서 주어지는 현현(顯現)의 중심에서 하나님을 찾겠다는 목적이 아닌 다른 목적들을 위해 모였다. 주의 떡과 포도주를 합당하지 않게 먹고 마시는 자는 정죄(定罪)를 먹고 마시고 심판을 자초하는 것이다. 그리스도인들의 모임이 그분을 머리로 삼는 그분의 몸이라는 것을 알지 못하고 주님의 임재를 분별하지 못하며 먹고 마시기 때문이다. 사도 바울에 의하면, 그들의 잘못된 모임 때문에 고린도교회 신자들 중 일부가 연약해지고 병들었으며, 심지어 일부는 세상을 떠났다. 그렇게 된 것은 스스로를 제대로 살피지 않았기 때문이다. 그래서 바울은 "우리가 판단을 받는 것은 주께 징계를 받는 것이니 이는 우리로 세상과 함께 정죄함을 받지 않게 하려 하심이라"(고전 11:32)라고 말했다.

함께 모였을 때 그들은 구약 시대의 대제사장이 지성소에 들어가 시은좌에 피를 놓을 때 가졌던 경건한 마음을 가져야 했지만, 그렇지 못했다. 그들은 다른 마음으로 모였다.

하나님의 임재에 대한 느낌이 그들 안에 없었기 때문에 성찬의 목적과 의미가 그들의 마음속에서 점점 흐려졌다. 이런 현상은 고린도교회뿐만 아니라 요한계시록 1-3장에 언급된 다른 교회들에서도 일어났다. 일곱 교회에게 보내는 편지에서 주님은 그들의 사랑이 식었고, 그들의 처음 사랑이 사라졌으며, 그들의 도덕적 삶이 나빠졌다고 말씀하셨다. 그분의 말씀에 의하면, 그들은 교리적으로 갈팡질팡했기 때문에 이세벨이라는 여자의 가르침에 속아 행음하고 우상의 제물을 먹는 잘못을 범했다. 그들은 "네가 살았다 하는 이름은 가졌으나 죽은 자로다"(계 3:1)라는 그분의 책망을 들어야 했다. 그분의 임재와 신자들의 모임이 거룩한 산이며 시온 산(주 예수 그리스도)에 오르는 것이라고 인정하지 않았기 때문이다.

결국, 불꽃같은 눈을 가지신 그리스도께서 나타나셨다. 단련한 놋쇠 같은 그분의 발은 밟아서 부수어버릴 수 있었고, 그분의 입에서 나오는 좌우에 날선 검은 죽일 수 있었다. 그렇게 나타나신 그분은 교회들을 칭찬하거나 꾸짖거나 올바로 살라고 권하는 내용을 담은 책망의 편지들을 보내셨다. 그분은 자신을 심판자로 계시하셨고, 좌우에 날선 검을 보이셨으며, 윤을 낸 놋쇠 같은 느낌을 주셨다.

복이 주어지기 전에 먼저 심판이 있어야 한다. 우리가 그 검의 날카로운 날을 피할 수 있을 만큼 지혜로운 자들이 되도록 나는 기도한다. 우리가 그분의 발에 짓밟혀 부수어지는 무서운 일을 피할 수 있을 만큼 지혜롭게 되도록 나는 기도한다.

그분이 불꽃같은 눈으로 우리의 마음을 살피시며 "네가 왜 여기에 있느냐?"라고 물으실 때, 우리의 마음의 동기가 순수하고 거룩한 것으로 드러나게 되도록 나는 기도한다.

✳

오, 거룩하신 머리가 지금 상하시고

슬픔과 수치에 짓눌리셨으니.

가시 면류관,

당신의 그 유일한 면류관 쓰시고

이제 멸시당하셨네.

극한의 고통,

쓰라린 욕설과 경멸로

너무나 창백해지셨도다!

아침처럼 밝았던 당신의 얼굴이

그토록 쇠약해지셨네.

—
클레르보의 버나드(1090~1153)
〈오, 거룩하신 머리, 지금 상하셨으니〉

THE FIRE OF GOD'S PRESENCE

임재의 불을
경험하라 _____ PART 04

보좌에 앉으신
하나님을 보다

웃시야 왕이 죽던 해에 내가 본즉 주께서 높이 들린 보좌에 앉으셨는데
그의 옷자락은 성전에 가득하였고 사 6:1

“오, 하나님! 당신의 임재를 온전히 충만하게 체험하는 것이
당신을 아는 것이나이다. 그런 체험은 제 거룩함에 근거하
지 않고, 당신이 제 삶 속에 부어주시는 당신의 거룩함에 근
거한 체험입니다.”

이사야는 모세와 유사하게 '불붙은 떨기나무'를 체험했다. 이사야는 우리가 표현 불가능하다고 인정할 수밖에 없는 것을 표현하려고 노력한다. 그는 신학자들이 그 존재는 인정하면서도 입 밖으로 낼 수는 없는 것을 말하려고 애쓴다. 그는 그의 제한된 시각으로 본 것을 표현하려고 애쓴다.

이사야가 본 것은 그가 그전에 본 것과는 전혀 다른, 완전히 이질적인 것이었다. 우리의 찬양과 기도와 경배와 설교와 생각의 모든 부분에서 우리는 '하나님의 존재'와 '하나님이 아닌 존재' 사이에 뚜렷한 선을 그어야 한다.

하나님과 인간 사이의 간격

이 일이 있기 전까지 이사야는 '하나님이 아닌 존재', 즉 그분이 창조하신 모든 것들에는 익숙해져 있었지만, '창조되지 않은 존재'의 존전에는 가본 적이 없었다. '하나님이 아닌 존재'와 '하나님의 존재'('창조되지 않은 존재') 사이의 대조가 너무 컸기 때문에 이사야의 언어는 적절한 표현을 찾느라고 진땀을 흘렸다.

하나님을 이해하는 것은 불가능하다. 만일 우리가 하나님을 우리의 지성으로 이해할 수 있다면, 우리는 그분과 동등한 존재가 될 것이다. 그러나 나는 그분과 동등한 존재가 되지 않을 것이고, 또 그런 일은 일어날 수도 없다. 그렇기에 나는 그분을 내 지성으로 이해할 수 없다고 결론 내릴 수밖에 없다.

이사야는 그분을 이해하려고 노력했고 자기가 본 것을 묘사했지만, 그의 표현은 서툴고 불충분했다. 우리가 잘 알고 있는 것을 말하려고 해도 그 표현이 서툴고 불충분할 때가 많은데, 하물며 크신 하나님과 관계된 것을 말하려면 오죽하겠는가!

이처럼 '자신을 계시하시는 하나님'과 '하나님을 찾는 인간' 사이에는 큰 간격이 있다. 인간의 지성은 아무리 노력해도 하나님께 도달할 수 없다. 백만 년 동안 애써도 소용없다. 어떤 사람이 하나님을 체험적으로 알지 못한다면, 세상의 모든 두뇌들이 나선다 해도 그 사람에게 그분을 한 순간에 보여주는 것은 불가능하다. 이사야에게 하나님을 보여주신 분은 바로 하나님 자신이셨다!

우리는 이사야가 기록한 모든 것이 과거나 지금이나 진리라고 받아들일 수밖에 없다. 실재(實在)와 기록 사이에는 하나님과 인간의 지성 사이의 차이만큼 차이가 있기 때문이다.

이사야는 "내가 본즉 주께서 … 보좌에 앉으셨는데"(사 6:1)

라고 말했다. 세상 사람들이 이 환상을 희미하게나마 볼 수 있게 해줄 수 있다면 얼마나 좋을까! 하나님께서는 보좌에 앉아 계신다! 높이 들린 보좌에 앉아 계신다! 그러나 지금 우리는 하나님께서 보좌에 앉아 계신 것을 보지 못한다. 이것이 신인동형설(神人同形說, anthropomorphism)의 증거다.

하나님께서 보좌에 앉아 계신다고 믿는 내 믿음에는 조금도 변함이 없다. 그분이 보좌에 앉아 계신다는 것은 그분이 스스로 주권(主權)을 취하셨다는 것을 증명한다. 나는 그분의 주권자이심을 믿는다. 나는 그분이 보좌에 앉아서 모든 일들을 내려다보신다고 믿기 때문에 밤에 잠을 푹 잘 수 있다. 세상의 일들이 정치인들의 손 안에 있다고 믿는다면 밤에 잠을 이루지 못할 것이다. 하나님이 보좌에 앉아 모든 일들을 결정하신다. 창세 전에 예수 그리스도 안에서 세우신 계획에 따라 그분은 모든 필요한 것들을 결정하셨고, 또 준비해놓으셨다.

하나님은 거룩하시다

이사야는 보좌에 앉으신 하나님을 모시고 서 있는 피조물들이 있었다고 말한다. 이 피조물들에 대해서는 내가 아는 것이 거의 없다. 이 피조물들, 즉 스랍들, 높아진 존재들, 불타는 존재들은 성경에 오직 한 번 등장한다. 이 피조물들이 하나님의 보좌 가까이에 있으면서 그분을 향한 기쁨과 사랑으로 불타고 있다는 것을 알았을 때, 나는 큰 기쁨을 느꼈다.

또한 이사야가 본 환상 속에서는 성전에 연기가 가득했다. 그리고 "거룩하다 거룩하다 거룩하다 만군의 여호와"(사 6:3)라는 화답의 노래가 있었다. 그 구절들을 볼 때 "'거룩하다 거룩하다 거룩하다'라는 스랍들의 노래를 듣기만 해도 삼위일체 하나님을 알 수 있는데 … 어찌하여 우리의 사랑스런 옛날 랍비와 성도와 찬송가 작가들은 삼위일체를 몰랐을까?"라는 의문이 종종 내 머리에 떠오르곤 했다.

여기서 '거룩하다'라는 표현은 무엇을 의미하는가? 스랍들이 노래한 분은 만군(萬軍)의 여호와셨다. 그러므로 '거룩하다'라는 표현은 단지 "하나님께서 '거룩한' 하나님이시다"라고 말할 때 사용되는 형용사(거룩한)에 한정되지 않는다. 이 표현은 삼위일체 하나님께 영광을 돌리는 표현이다.

약점과 흠을 가진 인간

앞에서 말한 표현에 담긴 뜻을 내가 다 아는 것은 아니지만, 내 나름대로 최대한 이해한 것에 대해 몇 마디 하고 싶다.

당신의 '마음'이 느낌으로 하나님을 찾아갈 수 있다는 것을 기억하라. 아마 당신의 '지성'은 그분을 찾기를 포기했을 것이다. 그분이 저쪽 먼 곳에 계시기 때문이며, 이 모든 피조물을 무한히 초월하시기 때문이다.

옛날에 어떤 경건서적 작가가 말했듯이, "마음은 언제나 최고의 신학자다". 우리는 마음을 사용해서 거룩함이 '깨끗함'이라는 것 정도는 알 수 있다. 우리가 생각해볼 만한 깨끗한 것이 남아 있음을 아는 것은 좋은 일이다. 우리는 세상의 말들을 다 곧이곧대로 믿어서는 안 된다. 세상은 "어떤 남자는 항상 선하지만, ~는 빼고 그렇다. 어떤 여자는 늘 선하지만, ~는 빼고 그렇다"라고 말한다.

아브라함이나 다윗, 그리고 그들 같은 사람들에게도 약점과 흠이 있었다. "엘리야는 우리와 성정이 같은 사람이로되"(약 5:17)라는 야고보의 말은 우리가 깊이 생각해볼 만한 말이다. 이 말이 약간 변명처럼 들리기도 한다. 엘리야는 우리와 성정이 같은 사람이었다. 그가 선한 사람으로서 하나님께 크게 사용되었지만 완전한 사람은 아니었다는 것을 알 때 우리는 위로를 받는다. 그래서 그런지 나는 성경에 아무 단점도

기록되지 않은 요셉과 바울 같은 사람들과 함께 있는 것보다는 에서와 함께 있을 때 더 편할 것 같다.

우리가 더 이상 회개하지 않는 이유는 우리의 행위에 대해서는 회개했지만, 우리의 존재에 대해서는 회개하지 않기 때문이다. 행위에 대한 회개도 깊이 해야겠지만, 존재에 대한 회개는 더 깊이 해야 한다는 것을 기억하라. 더 깊이 회개할 때 드러나는 것은 하나님의 존재와 이사야의 존재 사이의 극명한 대조다. 흠과 점으로 얼룩진 이사야의 더러운 본성 안에 들어온 하나님의 절대적 거룩함은 이 하나님의 사람에게 절대적인 증거를 보여주었다.

하나님의 신비

그렇다면 이제 신비에 대해 얘기해보자. 신비라는 것은 언제나 우리의 지성을 당황하고 놀라게 만든다. 우리는 하나님 앞에 서면, 즉 말로 표현할 수 없는 분 앞에 서면 낮아지고 아무 말도 못하게 된다. 우리가 우리의 기독교 신앙 안에 신비를 위한 공간을 늘 남겨두어야 한다고 나는 믿는다. 그렇지 않으면 복음주의적 이성주의자가 되어, 모든 것을 설명할 수 있다는 착각에 빠지게 된다. 그런 착각에 빠지면 "무엇이든 물어

보시오. 즉시 확실한 대답을 드리겠소"라는 열의를 보이게 된다. 그러나 나는 우리가 모든 것을 설명할 수 있다고 믿지 않는다. 모든 자연 세계에 신비가 있듯이 하나님나라의 모든 부분에도 신비가 있다.

정직한 과학자는 더 배우겠다는 열린 마음을 갖고 있다. 자기가 모르는 것들이 있다는 것을 깨달았기 때문이다. 그리스도인은 자기와 똑같은 믿음을 갖고 있지 않은 사람과 어울릴 때에도 열린 마음을 가져야 한다.

어떤 사람이 너무 유창하게 기도하는 것을 볼 때면 나는 그가 유창하게 기도할 수 있는 그의 능력 때문에 오히려 아무것도 보지 못했다고 생각하게 된다. 물론, 지금 나는 갑자기 뜨거운 성령의 기름부음을 받아 기도하게 되는 특별한 경우에 대해 말하는 것이 아니라, 신자의 개인적 표현 능력으로 기도하는 보통의 경우들에 대해 말하는 것이다. 보통의 경우, 너무 유창하게 기도하는 사람은 오히려 볼 수 있는 것이 별로 없어진다.

또 생각해볼 것은, 우리가 알고 있는 그 무엇과도 같지 않은 '낯설음'이 있었다는 것이다. 이것은 아주 다른 것, 알 수 없는 것이었다. 이 끔찍한 시대에 우리는 하나님을 통제하려고 한다. 그분을 이용할 수 있다는 착각에 빠져 우리의 생각 속에서 그분을 우리의 수준으로 끌어내린다. 심지어 우리는 하나님이 '우리를 좋아하는, 저 위에 계신 어떤 분'이시라고 믿는다.

그러나 하나님의 분명한 임재는 다른 것이다. 그분의 임재는 우리를 넘어서고, 우리의 위에 있으며, 초월적이다. 우리의 힘으로는 그분의 임재에 이를 수 없다. 우리는 마음을 열고 "하나님이시여, 제 이해력에 빛을 비추어주소서"라고 기도해야 한다. 그렇게 하지 않으면 보좌에 앉으신 그분을 볼 수 없다. 그분을 보는 것은 사실, 무섭고 두려운 일이다. 후에 이사야는 이렇게 외쳤다.

"우리 중에 누가 삼키는 불과 함께 거하겠으며 우리 중에 누가 영영히 타는 것과 함께 거하리요"(사 33:14).

영원한 불, 즉 영원히 타는 것은 소멸하는 불이신 하나님이시다. 이 살아 계신 하나님의 손 안으로 떨어지는 것은 치명적인 일이다. 에스겔은 하늘이 열리고 불이 나오는 것을 보았으며, 얼굴이 넷인 생물이 불 속에서 나타나는 것을 보았다. 그리스도인으로서 우리는 불에서 나오는 사람들이 되어야 한다.

그리스도인은 설명될 수 있는 사람이 되어서는 안 된다.

하나님은 거룩하시며 죄에 대해서는 격렬하게 적대적이시

다. 그러실 수밖에 없다. 오직 그분만이 영원히 타오르고, 타오르고, 또 타오르신다. 어떤 영적 체험이나 어떤 성경 해석이 죄에 대한 당신의 증오를 감소시키도록 허락하지 말라. 만일 당신이 죄에 빠지게 된다면, 거룩한 증오심으로 그 죄를 미워하고 빠져나오라.

죄는 인류를 파멸로 몰아넣었다. 죄는 구주께서 로마의 십자가형으로 돌아가시게 만들었다. 모든 감옥을 사람들로 꽉 꽉 채운 것도 죄다. 죄는 말이 없지만, 세상의 시작부터 지금까지 모든 살인과 이혼과 범죄의 원인이 되어 왔다. 이 두렵고 거룩하신 하나님 앞에서 죄는 극악무도한 기형(畸形)일 뿐이다.

여기에 나오듯이 하나님의 사람 이사야에게 환상이 열렸는데, 이사야는 그 환상 속에서 무엇인가를 보았다. 그는 바로 하나님을 보았다! 우리도 눈을 열면 그분을 보게 될 것이다. 그분은 어디에나 계신다.

하나님은 망한 사람을 사용하신다

여기서 나도 모르게, 많은 이들이 "내가 할 수 있다!"라고 말하지 않을까 하는 염려가 생긴다. 내 형제여, 그렇지 않다!

당신은 할 수 없다! 당신이 세상의 모든 교육기관을 다 다니며 모든 학문을 배우고 모든 책을 다 읽는다 해도, 이 세상의 모든 지식을 다 모은다 해도, 성령께서 당신을 세상으로 보내며 맡기시는 일을 이루는 데에는 부족하다. 물론 성령께서는 당신의 도구와 기술과 재능을 사용하실 것이다. 나는 그렇다고 믿는다. 그것은 전혀 문제될 것이 없다. 그러나 당신의 힘으로 무엇을 이루려고 하는 것은 결코 허락하지 않으실 것이다. 당신은 망해야 한다.

하나님이 사용하시는 사람은 망한 사람이다. 보좌에 앉으신 하나님을 본 사람은 망한 사람이다. 이사야는 너무나 놀랐고, 그의 모든 세계는 갑자기 녹아내리면서 방대하고 영원한 어둠으로 변했다. 그는 안색이 붉고 검게 변한 채 그 어둠에 저항했고, "나는 … 왕을 뵈었음이로다"(사 6:5)라고 탄식했다.

그런데 이사야는 어떤 사람이었는가? 그가 살인자, 거짓말쟁이, 모주꾼이었는가? 그렇지 않았다! 그는 교양 있고 세련된 젊은이였다. 왕의 사촌이었고, 자기의 노력으로 시인이 된 사람이었다. 그는 선한 사람이었는데, 지금 같으면 아마 선교위원회의 위원 같은 자리에 선출되었을 것이다. 나는 그의 절반만큼이라도 선해지기를 본능적으로 바란다.

그러나 영원한 하나님의 형상 앞에서 우리 인간은 누구나 별수 없다. 인간의 지극히 순수한 도덕성도 거룩하신 하나님의 거룩 앞에서는 무색해진다. "나여 망하게 되었도다"(사 6:5)라는 이사야의 외침에는 '지금 나는 창조주의 거룩하심과 완전히 대조되어 망할 수밖에 없는 운명을 체험하고 있다'라는 의미만 들어 있는 것이 아니다. 그의 외침에는 고통의 울부짖음이 포함되어 있다.

그러므로 나는 겉모양만을 매력적으로 보이게 꾸미는 전도 방법을 좋아하지 않는다. 나는 고통의 부르짖음이 있어야 한다고 믿는다. 내면적 출생이 있어야 한다고 믿는다. 거룩하고 거룩하고 거룩하신 하나님과 극명하게 대조되는 우리 자신을 보고 공포를 느끼는 체험이 있어야 한다. 그런 체험이 없으면 우리의 회개는 깊은 것이 못 되며, 우리의 회개가 깊지 않으면 그리스도인으로서 우리의 체험도 깊지 않을 것이다. 이사야가 고통 중에 외쳤지만, 그 외침이 그의 행위 때문이라고 해석되어서는 안 된다. 그가 단 하나의 죄도 언급하지 않기 때문이다.

죄인임을 깨닫는 자에게 주어지는 은혜

우리는 "우리도 이사야처럼 더러운가?"라고 묻지 말고 "우리도 이사야처럼 우리의 더러움을 깨달았는가?"라고 물어야 한다. 그는 깨끗하지 못했지만 감사하게도 그것을 깨달았다. 지금 이 세상은 더러우면서도 그것을 깨닫지 못한다. 자신의 불결함을 알지 못하는 것, 불결함의 무서운 결과를 즉시 맛보지 못하는 것. 바로 이것이 세상의 문제이고, 교회의 문제이며, 그리스도인들의 문제다. 우리는 더러우면서도 그것을 알지 못한다. 우리는 더러우면서도 그것을 깨닫지 못하기 때문에 담대하고 자신감 넘치며, 자신이 거룩하다고 느끼고, 거짓된 자신감에 빠져 있다.

우리가 보좌에 앉으신 하나님을 마음의 눈으로 보고 성경의 신학에서 도움을 받는다면, 믿음과 내적 조명을 통해 성장하여 하나님의 거룩함을 조금이라도 보게 될 것이다. 그렇게 되면 부패가 없을 것이다. 언제나 나는 인간의 부패성을 주장하는 신학을 믿어왔다. 인간의 부패성에 대한 교리는 존 칼빈(John Calvin, 1509~1564. 프랑스 태생의 종교개혁가 및 신학자)이 만들어낸 것이 아니다. 칼빈보다 훨씬 이전에 다윗이 그것을 언급했다. 인류 최초로 태어난 아기도 부패한 상태로 태어났다.

당신은 "부패한 사람은 창녀나 세리 같은 사람들 아닙니까?"라고 물을지 모르겠다. 하지만 분명히 알아야 한다! 지금 나는 창녀나 세리 같은 사람들에게서 볼 수 있는 부패에 대해 말하는 것이 아니다. 즉, 우리의 눈에 쉽게 보이는 부패에 대해 말하는 것이 아니다. 내가 지금 문제 삼는 부패는 의로운 사람들의 모임에서 나타나는 부패, 성도들 중에서 나타나는 부패, 자칭 '큰 자'라고 하면서 신문에 얼굴이 실리는 사람들의 부패, 그리고 그런 사람들의 이름을 따서 이런저런 것들을 명명하는 사람들의 부패다.

이사야는 자기가 악하다는 것을 깨달았지만, 그의 도덕적 순결이 회복되었다는 것도 알게 되었다. 우리가 우리의 악함을 깨닫게 되는 것은 오로지 놀라운 하나님의 은혜 때문에 가능하다. 우리 자신이 이사야처럼 낮아지는 체험을 한 후, 또 핀 숯이 우리의 입술에 닿아 과거의 깊은 죄악을 용서받은 후 우리는 우리의 지극히 악함을 인정할 수 있게 된다. 우리의 행위의 죄뿐만 아니라 우리의 존재의 죄를 인정할 수 있게 된다. 그분의 은혜가 우리를 만져주면 우리는 도덕적 순결의 회복과 하나님의 용서의 사랑을 느끼게 된다. 하나님은 그전에 하셨던 말씀, 즉 "내가 누구를 보내며 누가 우리를 위하여 갈

꼬"(사 6:8)라는 말씀을 다시 하셨고, 이사야는 "내가 여기 있나이다 나를 보내소서"(사 6:8)라고 말씀드렸다.

이사야 같은 사람이 하나님께서 사용하실 수 있는 사람이었다. 이사야는 자신의 도덕성에 절망했다. 우리는 가볍게 생각하지 말고 깊이 생각해야 한다. 내가 목회를 하면서 누구를 위해 가장 많이 기도하는지 당신은 아는가? 또, 내 목회에서 나를 가장 힘들게 하는 사람이 누구인지 아는가? 그 사람은 바로 나 자신이다!

정결케 하는 체험이 이사야에게 있은 후에 하나님께서는 "내가 너를 사용하리라"라고 말씀하시며 그를 보내셨다.

✳

할렐루야, 여호와를 찬양하라.

그들이 여호와께 찬양을 올려드리도록 하라.

그들이 그분의 명령으로 만들어졌나니,

그들을 그분이 영원히 세우셨도다.

그분의 법이 언제나 설 것이라.

땅에서부터, 오, 여호와를 찬양하라.

너희 모든 물들아! 너희 모든 용들아!

그분의 외침을 듣는 불과 우박과 눈과 증기들,

그리고 폭풍들아!

—

윌리엄 J. 커크패트릭(1838~1921)
〈할렐루야, 여호와를 찬양하라〉

불에서 나온 네 생물들

그 얼굴들의 모양은 넷의 앞은 사람의 얼굴이요
넷의 오른쪽은 사자의 얼굴이요 넷의 왼쪽은 소의 얼굴이요
넷의 뒤는 독수리의 얼굴이니 겔 1:10

> 오, 우리 주 예수 그리스도의 하나님과 아버지! 저는 불 안에서 그리스도의 아름다움을 보고, 불 안에서 그분의 뜻을 제 삶에 적용할 수 있나이다. 저는 그분 때문에 당신을 찬양하고, 그분이 제 안에 계시기에 당신을 노래하나이다.

"그 얼굴들의 모양은"(겔 1:10)이라는 말로 시작되는 에스겔서 1장 10절은 네 생물에게 사람과 사자와 소와 독수리의 얼굴이 있다고 말한다.

예전에 나는 이 구절에 대해 "네 복음서 중에서 누가복음의 특징은 사람에 비유되고, 마태복음의 특징은 사자에 비유되며, 마가복음의 특징은 소에 비유되고, 요한복음의 특징은 독수리에 비유된다"라는 해석을 받아들였었다. 그러나 그로부터 많은 시간이 흐른 후, 에스겔서 1장 10절이 주 예수 그리스도와 복음에 적용되는 말씀이라는 것을 깨달았다.

뒤에 나오는 에스겔서 10장 4절에서 '그룹'(cherub)으로 묘사되는 이 생물들, 즉 에스겔이 그의 환상 속에서 보았던 이 생물들은 '예수 그리스도'라는 한 인물을 가리킨다. 하나님께서 우리의 모든 눈을 피조 세계의 중심이신 예수 그리스도에게 향하게 하신다는 것은 "나의 종, 내 마음에 기뻐하는 자 곧 내가 택한 사람을 보라"(사 42:1)라는 여호와의 말씀에서 증명된다.

그리스도의 영광을 드러내는 네 생물들

온 피조 세계가 우리에게 예수 그리스도를 보여주기 위해 존재하지만, 온 피조 세계가 동원되어도 그분의 영광을 다 보여줄 수는 없다. 그리스도는 하나님의 영광이시며, 피조 세계는 그리스도의 영광이기 때문이다. 네 생물들은 그리스도의 매력을 드러낸다. 그분의 모든 매력들이 한 얼굴을 통해 표현될 수는 없다.

만일 그리스도께서 행하신 모든 것을 기록한다면, 세상은 그 책들을 두기에 너무 좁을 것이다. 예수 그리스도의 경이(驚異)와 영광을 보여주려면, 사람들이 '우주'라고 불러온 이 피조 세계뿐만 아니라 12개의 다른 우주들이 더 필요할 것이다.

우리의 목표는 그리스도를 닮는 것이다. "당신을 닮기 원합니다! 당신을 닮기 원합니다!"라는 찬송가 후렴은 그리스도인의 마음의 열망을 아주 잘 표현한다. 이것은 단순한 감상적(感傷的) 열망이 아니라, 건전한 성경적 근거를 가진 건전한 신학적 열망이다.

자신의 아들을 인간으로 만들어 우리에게 보내신 하나님의 뜻은 우리가 그분의 아들을 닮는 것이다. 처음에 하나님은 인간을 그분의 형상대로 만드셨다. 그런데 인간이 죄를 범하자 그분은 그분의 아들을 죄가 없는 인간의 형상으로 만드셨고, 이제는 인간을 그분의 아들의 형상으로 만들고 계시다. 그러므로 우리 주 예수 그리스도의 영광을 드러내는 것을 보는 것은 우리가 마땅히 닮아야 할 이상(理想)을 보는 것이다.

1. 사람의 얼굴

그리스도는 육신으로 이 땅에 오셨을 때 자신을 변증(辨證)하는 논리를 퍼지 않으셨다. 그분은 봉사단체가 빈민가를 찾아갈 때처럼 삼가는 태도로, 조심스럽게 오시지 않았다. 다만 그분은 최대한 낮아지셨으며, 동정녀 어머니에게서 출생하는 단순하고 당당한 과정을 통해서 오셨다. 그렇다! 그분은 그런 방법으로 인간이 되고 우리와 똑같은 인성(人性)을 취하셨다.

그와 같이 그분은 인성을 취하는 숭고한 과정을 겪으셨다. 그리고 그분은 그분의 인격과 맞지 않는 삶을 살지 않으셨다. 그분은 더러워지지 않은 인간의 완전한 모범이셨다.

우리는 아담과 하와가 타락 이전에 어떤 상태였는지에 대해 아는 것이 거의 없다. 그 복되고 행복한 시기에 그들은 벌거벗었으나 하나님 앞에서나 서로 앞에서 부끄러운 줄 모르고 지냈다. 그들을 가려주는 것은 오직 그들의 겸손뿐이었다. 하지만 우리는 그들이 죄를 범하고 하나님에 의해 에덴동산에서 쫓겨난 이후의 상태에 대해서는 아주 많이 안다. 성경은 아담과 하와, 그리고 우리를 포함하는 그들의 후손이 슬프고 실망스런 존재라고 말하는데, 실제로 우리는 그런 존재다.

우리 주 예수 그리스도께서 세상에 오셨을 때 그분에게는 단지 인성의 연약함만 있었을 뿐이고, 죄의 연약함은 없었다. 그분은 피곤을 느껴 쉬고 잠자고 음식물을 섭취하셨는데, 이것은 그분에게 있었던 인성 때문이었다. 이것이 타락한 인성은 아니었다. 그분은 타락한 인성을 취하지 않으셨다.

가장 만족스럽고 완전한 단계에 도달한 인성을 보기 원한다면, 우리 주 예수 그리스도를 보라. 그분은 자기 자신이 아닌 어떤 다른 존재가 되려고 노력하지 않으셨고, 그 어떤 것도 숨기지 않으셨다. 그분 안에는 왜곡된 것이 없었다. 그분은 왜곡과 가식과 교만과 두려움이 없는 인성의 화신이셨다.

인류를 괴롭히는 악한 것들이 있다. 바로 왜곡과 가식과 교만과 두려움이다. 이것들은 정원의 해충들처럼 우리를 멸하려고 한다. 이런 것들이 있는 정원에서 성장하는 우리가 맺는 열매들은 보잘것없고, 벌레 먹고, 쪼그라들고, 왜소하다.

예수님의 인성의 소박한 아름다움이 전통의 잎새들 아래 묻혀버렸을 때, 사람들이 선해지기 위해 택한 방법은 사람들이 있는 곳을 떠나 숨어버리는 것이었다. 그들은 선해질 수 있는 유일한 방법이 사람들을 피하는 것이라고 말했다. 사람들과 접촉하면 때가 묻는다는 것이 그들의 생각이었다. 그러나 백합은 저 밖에 있는 농장의 뜰의 거름더미에서 자라면서도 더럽혀지지 않고 깨끗하다. 햇빛을 받고 자라는 백합은 그것이 뿌리박고 있는 토양과 그것의 주변 환경에 영향 받지 않고 향기를 발하며 아름답게 자란다.

예수님의 경우도 마찬가지였다. 우리 주님은 금욕주의자가 아니셨다. 그분은 사악하고 잔인하고 부패하고 교만하고 위선적인 사람들 속에서 사셨다. 세례 요한은 이 땅에 와서 먹지도 않고 마시지도 않았지만, 예수님은 오셔서 먹고 마셨다. 그분은 사람들 중에서 평범하게 사셨다. 위(胃)를 괴롭히는 것이 영혼을 선하게 만드는 방법이라고 믿지 않으셨다. 굶주림을 통해 선해질 수 있다고 믿지 않으셨다. 그렇게 믿을 만큼 어리석은 분이 아니셨다.

그렇게 믿는 것은 그분에게 전혀 이질적인 것이었다. 인간의 몸이 성령의 전(殿)이 되도록 만드신 하나님은 그분의 성전을 괴롭히지 않으신다.

우리 주님은 사람들을 미워하지 않으셨다. 많은 선한 이들이 사람들에게 차가운 멸시의 시선을 보내며 도피적인 삶을 살았지만, 우리 주님은 사람들에게 친근하게 대하셨다. 그분은 거룩하고 깨끗하고 하늘보다 높으신 분으로서 사람들 사이에서 살면서 그들을 사랑하셨다.

우리는 속량 받은 사람들로서 천국에서 살게 될 것이다. 그것보다 더 고상한 것은 우리에게 가능하지 않다. 그러므로 속량 받아 정결하고 순수하고 성령충만하게 되는 것이 우리의 이상이다. 그렇게 됨으로써 우리가 우리 주 예수 그리스도를 닮을 수 있기 때문이다.

2. 사자의 얼굴

사자는 그것의 용기, 위엄, 자신감, 균형 잡힌 몸매, 그리고 대담함으로 칭송을 받는다. 당신은 동물원에서 풍성한 갈기를 가진 사자를 본 적이 있는가? 사자는 당신을 향해 앉아 있다. 사자는 큰 앞발을 포개놓고 위엄스런 자태로 앉아 있지만, 당신을 정면으로 보지는 않는다. 사자의 시선이 당신의 오른쪽이나 왼쪽에 잠깐 머물지만 당신에게 정면으로 향하지는 않는다. 마치 당신이 아무것도 아니라는 듯이. "당신이 나를 보는가? 나는 정글의 왕이다"라고 말하는 듯하다. 확실히, 사자의 위엄과 용기와 자태는 특별하다.

사자의 이런 특징들이 예수 그리스도에게서 많이 나타났고, 그분의 완전한 인성의 일부였다. 그분은 위축되거나 변명하지 않으셨다. 그분이 사람들 중에서 인간으로서 살아가실 때 그분에게는 의기소침이나 위축됨이 없었다.

우리는 "겸손하십시오"라는 말을 듣지만, 그렇다고 해서 필요 이상으로 겸손해지지는 말라. 하나님께서는 우리에게 "생쥐가 되어라"라고 말씀하지 않으셨고, 단지 "하나님의 능하신 손 아래에서 겸손하라"(벧전 5:6)라고 말씀하셨을 뿐이다. 이 말씀의 뜻은 '분수에 맞게 처신하라'라는 뜻이다. 나는 사람들이 사자처럼 용맹스러워지면 좋겠다. 그들이 당당해지면 좋겠다.

우리 그리스도인들은 공격을 중단하고 방어만 하고 있다. 방어만 하는 사자는 없다. 우리는 말 그대로 성령충만하고, 기도하고, 담대하고, 침착하고, 자신감에 차 있어야 한다. 이 말은 우리 자신을 의지하라는 말이 아니라, 우리 안에 계신 하나님, 즉 사자의 얼굴을 의지하라는 말이다.

3. 소의 얼굴

그리스도의 영광을 나타내기 위해서는 에스겔의 환상 속에 나타난 생물들이 모두 동원되어야 했다. 성경 시대에, 그리고 그 후의 역사 속에서 사람들이 알고 있는 소 특유의 특징이 있다. 오직 소만이 제대로 보여줄 수 있는 그 특징이 그리스도의 인격에서 나타났다. 사자에게는 없지만 소에게는 있는 이 특징은 무엇인가? 독수리에게는 없지만 소에게는 있는 이것은 무엇인가?

소에게는 부족한 점들이 있다. 옛날에는 사람들이 소에게 멍에를 씌웠고, 소는 목에 멍에를 메고 수레 같은 것을 끌었다. 사실, 소에게서 우아함을 볼 수는 없다. 그것은 틀림없는 사실이다. 그리고 소는 머리가 좋은 것 같지도 않다. 소에게는 매력도 없다.

하지만 소가 가진 것들도 있다. 인내심, 꾸준함, 차분히 버티는 것, 마음을 비우고 포기할 줄 아는 것들 말이다. 나는 소가 흥분하거나 급히 서두르는 것을 본 적이 없다. 소는 대부분 참을성 있고 꾸준하다. 우리 주님도 사람들과 함께 생활하실 때 그런 특징을 보이셨다. 그분은 모든 것을 참고 조용히 견디셨다.

4. 독수리의 얼굴

하나님께서 에스겔에게 보여주신 환상에 등장하는 네 생물은 서로 모순되지 않고 오히려 서로를 보완해준다. 네 생물은 서로를 온전케 해준다. 네 생물을 살펴보면 그리스도께서 어떤 분이셨는지, 또 우리에게서 어떤 특징들이 나타나야 하는지를 조금 더 잘 깨닫게 될 것이다.

우리 주 예수 그리스도께서 사람들 가운데서 행하신 모습을 보면, 터벅터벅 걷는 소의 꾸준함과 침착함, 사자의 용맹함과 균형 잡힌 모습, 그리고 인간의 소박하고 부드러운 위엄이 우리의 눈에 보인다. 그런데 그분의 삶의 어떤 한 부분은 우리의 시야에서 아주 멀리 벗어나 있다.

그분의 성품과 본성의 한 부분은 땅에 접촉함 없이 햇살을 받으며 저 높은 곳에서 이리저리 선회하다가 가끔 하강하여 이 땅에 접촉하는 독수리 같은 성격을 지녔다. 독수리가 연상시키는 것들을 생각해보라. 강렬한 목표 의식과 태도, 산꼭대기, 햇살, 길게 쫙 펴진 두 날개!

사람들 사이에서 사셨던 그분은 '아버지의 품 안에 있는 인자(人子)가 이 땅에 오셨다'라고 말씀하셨다. 이 땅에서 행하실 때 그분은 그분이 하나님의 품 안에 있다고 분명히 말씀하셨다. 그리고 그분은 "(아버지께서) 항상 내 말을 들으시는 줄을 내가 알았나이다"(요 11:42)라고 말씀하셨다. 예수 그리스도께서 동정녀의 몸 안으로 들어오셨을 때 아버지의 품속을 떠나신 것이 아니었다. 그분의 본성 안에 있는 그 무엇은 흔들림 없이 견고히 버티고 있었고, '하나님'이라는 무한한 능력과 접촉하고 있었다. 그분은 사람들 속에서 살면서 그분의 거룩한 발에 먼지를 묻히셨지만, 결코 이 땅에 안주하지 않으시고 독수리처럼 솟아올라 사람들의 시야 밖으로 나가기도 하셨다.

흔히 우리는 "우리 그리스도인들은 독수리처럼 날개 치며 솟아올라야 한다"라고 말한다. 하나님은 그분의 자녀들이 세상 사람들과는 다르게 살기를 바라신다. 그리스도인들의 마음에서는 언제나 천국의 향기가 은은히 풍겨야 한다. 우리 주 예수 그리스도께서는 바로 그런 삶을 사셨다!

하지만 우리는 눈에 보이는 것들에 너무 만족한다. 특히 눈에 보이는 예배에 만족하고 만다. 우리가 교회의 예배에 참석해서 하나님을 경험한다면, 단 하루만에도 우리의 예배가 몇 배로 충만해질 것이다. 그러나 예배 때 하나님을 느끼는 사람들은 아주 적을 것이다. 나머지 사람들은 그분을 희미하게 느낄 것이고, 아마도 어떤 이들은 전혀 느끼지 못할 것이다. 그러다 보니 예배의 전반적 분위기는 별로 만족스럽지 못하다. 그분을 느끼는 사람들이 아주 적기 때문이다.

거룩한 '인간'으로

그리스도인으로서 우리는 거룩한 사람이 되기 위해 노력해야 한다. 우리는 우리가 인간인 것을 부끄러워하지 말고 오히려 감사해야 한다. 인간임을 포기하고, 그 대신 이 세상의 어떤 다른 존재가 되는 것은 내가 원하는 바가 아니다. 나는 스랍(seraph)이 되기보다는 차라리 속량 받은 인간이 되겠다. 사자나 소나 독수리가 되기보다는 속량 받은 인간이 되겠다. 이 생물들은 단지 그리스도를 상징하는 역할밖에 못하기 때문이다. 어떤 다른 생물들이 가질 수 있는 특징들보다 훨씬 뛰어난 그리스도의 거룩하고 아름다운 특징들이 당신과 나의 것이 될 수 있다.

어떤 그리스도인은 은밀한 곳에 거했다. 그리스도인은 높은 곳에서 모든 것들을 보게 된다. 놀랍게도, 건물의 위층에서 아래를 보면 많은 것들이 훨씬 더 멋있게 보인다. 위에서 내려다보면 무엇이든 훨씬 더 아름답게 보인다는 것은 정말 대단한 일이다.

예를 들자면, 높이 솟아올라 선회하는 새는 그냥 길을 따라 앞으로 가는 인간이나 소와는 다른 관점에서 세상을 보게 될 것이다. 물론, 반대적인 측면이 있는 것은 사실이다. 저 높은 곳으로 솟아오르는 독수리는 쟁기질로 밭고랑을 짓는 일을 하지 못할 것이다. 만일 그리스도께서 높은 곳에만 계셨다면 사람들과 함께 생활하지 못하셨을 것이고, 그분의 두 손이 묶여 결국 십자가에 못 박히는 일이 일어나지 않았을 것이다. 결코 없었을 것이다! 높이 나는 독수리의 특징들만이 그분에게 있었다면 그분은 가룟 유다, 베드로, 빌라도 및 헤롯 같은 사람들을 다루지 못하셨을 것이다. 그분에게 사자의 용기가 있었기 때문에 당당히 서서 차분한 마음으로 그들을 감당하실 수 있었다.

만일 충성스런 소의 특징들만이 그분에게 있었다면 그분은 "나 하늘에서 내려온 인자(人子)는 보았기 때문에 너희에게 말한다"라고 말씀하지 못하셨을 것이다. 그분의 이 말씀에는 다음과 같은 의미가 들어있다고 보아야 할 것이다.

"나는 내가 본 것들을 말하고 너희에게 전한다. 너희가 내 말을 이해하지 못하는 이유는 너희가 땅에서 나서 땅에 속해 있기 때문이다. 너희 속에는 땅의 것들이 너무 많이 있다. 너무 너무 많다! 하지만 그것들과 다른 것도 너희 안에 있다. 그것은 신비롭고 영적인 부분이다. 독수리처럼 높이 나는 그 부분은 하나님의 일들을 향한 열망과 갈망으로 가득 차 있다."

✳

핀 숯이 선지자에게 닿아

그를 지극히 깨끗하게 했을 때,

하나님의 음성이

"누가 우리를 위하여 갈꼬?"라고 물으셨을 때,

그가 대답하였네.

"내가 여기 있나이다. 나를 보내소서!"

—

조지 베너드(1873~1958)
〈친절히 부르시는 추수의 주님의 음성을 들어라〉

자신을 나타내시는
하나님

많은 날이 지나고 제삼년에

여호와의 말씀이 엘리야에게 임하여 이르시되

너는 가서 아합에게 보이라 내가 비를 지면에 내리리라 왕상 18:1

> 오, 아버지! 저는 당신이 제 삶에 임재하시는 것을 즐거워하
>
> 나이다. 당신이 제게 당신을 보여주시고, 저로 하여금 당신
>
> 을 믿고 의지하게 하시오니 제가 말로 다 감사할 수 없나이
>
> 다. 당신을 찬양하는 것은 이곳의 '부재자'가 아니시기 때문
>
> 이나이다.

엘리야의 하나님은 스스로를 나타내는 하나님이시다. 나는 하나님께서 엘리야에게, 그리고 그의 지시를 받는 사람들에게 자신을 나타내셨다는 것을 당신이 알기를 바란다. 여호와 하나님께서는 그들에게 자신을 나타내고 그들과 소통하기 위해 항상 창문을 두드리고 계셨다. 그분이 불 가운데 나타나신 것도 물론 맞지만, 또한 그분은 세미한 음성과 섭리와 기도를 통해 자신을 나타내기도 하신다. 그분은 기꺼이 자신을 알리신다.

'나타낸다'는 것은 '스스로를 보여준다'는 의미다. 그분은 자신의 베일을 걷어버리고 교회 위에 밝은 빛을 비추시기를 기뻐하신다. 그분은 스스로를 나타내는 하나님이시며, 기적을 이루는 하나님이시다.

나는 이것을 전심으로 믿는다. 나는 기적을 행한다고 사기 치는 사람이 아니다. 우리가 "오늘 밤 우리는 기적을 보게 될 것입니다"라고 광고해서는 안 된다고 생각한다. 하나님은 기적을 이루시지만, 우리가 그분께 이래라저래라해서는 안 된다. 그런데 만일 당신에게 믿음이 있다면, 당신은 그분이 특별히 만들어내시는 일이 있다고 믿게 될 것이다. 그 일은 자연 속에서 일어나지만 자연적 원인에 의해 일어나는 것이 아니다.

그 일은 자연에 역행하지 않고 자연을 초월한다. 그 원인이 하나님 안에 있기 때문이다. 그 일은 바로 그분이 이루시는 기적이다!

기적을 통해 자신을 드러내신 하나님

과부의 기름과 가루를 생각해보라. 하나님이 기름과 가루를 계속 공급해주셨지 않은가! 한두 해 동안 통에 남았던 가루 한 움큼과 병에 남았던 기름 조금이 결코 사라지지 않게 해주셨다. 그랬기 때문에 과부는 그녀에게 찾아온 낯선 하나님의 사람과 그녀의 식구를 먹일 수 있었다. 그리고 그분은 그 과부의 어린 아들이 죽었을 때 엘리야를 통해 그 아이를 죽은 자들로부터 다시 살리셨다.

엘리야가 극도로 궁핍해졌을 때 여호와께서 그에게 "엘리야야, 시냇가로 내려가라. 그러면 내가 시냇물이 흐르게 할 터이니 너는 그 물을 마셔라"라고 말씀하셨다는 것을 기억하라. 또한 그분은 "내가 까마귀를 시켜 네게 고기를 가져오게 하리라"라고 말씀하셨다.

후에 시냇물이 말랐을 때 엘리야는 "비가 오지 않을 것이다"라고 말했다. 그러나 그는 비가 오지 않으면 시냇물이 마를 것이라는 사실을 잊어버렸다. 후에 비가 오지 않자 시냇물이 말랐고, 엘리야는 극심한 어려움에 처하게 되었다. 어느 날 아침, 그는 작은 컵을 들고 물을 뜨러 갔다. 하지만 시내에 이르렀을 때 그의 눈에 보이는 것은 완전히 말라버린 모래 바닥에서 경계의 눈초리를 보내는 붉은 도마뱀뿐이었다.

엘리야는 "나의 하나님이시여, 물이 사라졌나이다"라고 기도했고, 하나님은 "네가 예상했던 것이 무엇이냐? 비가 내리지 않을 것이라고 네가 예언했고, 네 예언대로 비가 오지 않아 시냇물이 마른 것이다. 그러나 안심하라. 내가 다 조치를 취해 놓았다"라고 말씀하셨다. 그리고 그분은 엘리야를 사렙다에 사는 과부에게 보내셨다. 엘리야가 그 과부를 만났을 때 그 여자는 그에게 "나와 내 아들을 위하여 음식을 만들어 먹고 그 후에는 죽으리라"라고 말했다(왕상 17:12).

그러나 엘리야는 "그렇지 않을 것이오. 나는 하나님을 섬기는 사람입니다. 그분이 내게 하신 말씀에 의하면, 당신이 나를 돌보아주면 그분이 당신을 돌보아주실 것이라고 합니다"라고 말했다. 실제로 하나님께서는 2,3년 동안 엘리야의 말대로 행하셨다.

당신은 천사가 엘리야에게 떡을 만들어준 사건을 기억하는가? 나는 이 사건을 생각하면 위로를 받는다. 일시적으로 용기를 잃었던 엘리야의 모습이 이 사건에서 드러나기 때문이다. 본래 그에게는 용기가 있었다. 그는 매우 담대한 사람이었다. 하지만 이세벨이라는 여자가 그에게 두려움을 불어넣은 것이 분명하다. 그 여자가 사람을 보내 그에게 말했을 때 그는 도망쳤다. 그가 아합을 두려워하지는 않았다. 엘리야는 "내가 여호와 앞에 섰나이다"라고 말할 정도로 담대했다. 그러나 이세벨이 그를 죽이려고 했을 때 그는 자기가 "내가 여호와 앞에 섰나이다"라고 말한 사실을 잊어버리고 산지로 도망했다.

그런데 그가 안전한 곳에 숨으려고 했을 때 여호와께서는 천사에게 이렇게 말씀하셨다.

"지금 저 아래에 엘리야가 있는데, 상태가 몹시 안 좋다. 그가 지금 로뎀나무 아래에서 용기를 잃고 낙심하여 우울하고 두렵기 때문에 죽기를 원한다. 그는 내 종이고 나를 사랑하는 믿음의 사람이다. 내가 못 본 체할 수 없다. 그에게 가서 떡을 구워주거라."

하나님께서는 천사를 보내 선지자를 위해 떡을 굽게 하셨다! 하나님은 얼마나 친절하고 자애로운 분이신가! 우리는 이것을 늘 명심해야 한다.

엘리야의 하나님 여호와는 그런 분이시다. 그분은 전능의 아버지 하나님이시다. 그분은 기적이나 회오리바람이나 내적 음성을 통해 그분의 백성에게 자신을 나타내신다. 어떤 방법을 통하든지 간에 그분 자신을 나타내신다.

하나님의 필요충분 조건

그렇다면 엘리야의 하나님 여호와는 지금 어디에 계신가? 나는 그분이 가까이 계신다고 말해주고 싶다. 그분은 아주 가까이, 지금 여기에 계시다! 지금 여기에 계신 그분은 우리 중 어떤 이들이 어떤 조건들을 충족시키기를 기다리고 계시다.

그렇다면 그 조건들이 무엇일까? 그것들이 무엇인지를 당신에게 말해주겠다. 하나님은 과거에 거기 계셨던 것처럼 오늘 여기에 계시다. 과거에 거기에서 반드시 이루어져야 했던 일을 이루신 그분은 오늘 여기에서 어떤 일이라도 이루실 수 있다. 그분이 그것을 이루시는 것을 우리가 보지 못하도록 막을 수 있는 것은 아무것도 없다!

1. 두려움 없는 용기

지금 여기에서, 엘리야의 하나님 여호와께서는 엘리야처럼 두려움 없는 사람을 기다리고 계신다. 엘리야는 그 자신도 인정했듯이 잠시 낙심의 구렁텅이에 빠지기는 했지만, 본래는 두려움 없는 사람이었다. 하지만 이세벨이라는 여자가 엘리야를 죽이려고 찾았을 때 도망했다. 그 경우를 빼면 그는 두려움 없는 매우 담대한 사람이었다.

오늘날 우리는 위험에 둘러싸여 살고 있는데, 엘리야처럼 갈멜 산의 기적을 일으키려면 용기가 필요하다. 자신의 소신대로 살려면 큰 용기가 있어야 한다. 어떤 어려움도 겪지 않고 편하게 살기 위해 그저 서로서로 잘 어울려 지내려고 한다면 약해질 수밖에 없다. 그중에 하나님의 사람도 있었고, 오바댜라는 선지자도 있었다. 오바댜는 수백 명의 선지자를 동굴에 숨겨주었다.

이세벨이 여로보암 이후 가장 사악한 왕 아합과 함께 날뛰고 있는 상황에서 동굴 안에 숨어 있는 사람들이 있었다는 것을 생각해보라. 그렇게 그들이 동굴 안에 숨어 있을 때, 오직 한 사람이 단호히 그 나라 안으로 들어갈 용기를 가졌다. 그는 물론 엘리야였다.

2백 명 정도 되는 선지자들 한 사람 한 사람이 스스로 엘리야처럼 용기를 가졌다면, 이스라엘을 뿌리까지 흔들어놓았을 것이다. 그들의 담대함 때문에 이세벨은 두려움에 사로잡혀 그녀에게 어울리는 시돈으로 도망했을 것이고, 아합은 어딘가에 있는 구멍으로 기어들어가 그 입구를 막아버렸을 것이며, 하나님의 능력이 이스라엘 사람들의 눈앞에 홀연히 나타났을 것이다. 그러나 그 선지자들은 나가서 싸우지 못하고 오히려 숨었다. 싸우려면 용기가 필요하다.

엘리야는 담대했다. 이제까지의 역사 속에는 용기 있는 사람들이 늘 있었다. 지금과 같은 시대에 하나님을 위해 일어서려면 큰 용기가 있어야 한다. 사람들 중에서 그분을 위해 일어서려면, 사람의 아들들 가운데에서 하나님의 아들이 되려면, 땅의 시민들 중에서 천국의 시민이 되려면, 악한 세상에서 선한 사람이 되려면, 불신앙의 세상에서 믿음을 가지려면, 악하게 되기를 좋아하는 세상에서 선하게 되려면 용기가 있어야 한다.

2. 거룩한 헌신

하나님은 사람들이 엘리야라는 사람의 담대함을 어느 정도 본받아 분연히 일어서기만을 기다리고 계신다. 그들이 엘리야처럼 거룩한 헌신을 통해 일어서기만을 기다리고 계신다. '거룩한 헌신'이라는 말이 진부하게 들릴 수도 있겠지만, 분명한 것은 엘리야가 거룩하게 헌신한 사람이었다는 것이다.

사람들은 '헌신한'이라는 말을 사용한다. 예를 들면, "그는 헌신한 사람이다"라고 말한다. 이렇게 말할 때, 그 헌신은 정치나 학문 같은 것들을 위한 헌신을 의미한다. 그러나 우리에게는 하나님을 위한 헌신이 있어야 한다. 우리는 그분께 온전히 헌신해야 한다. 그분을 향한 거룩한 헌신이 있어야 한다.

3. 적극적인 순종

우리에게 또 필요한 것은 엘리야가 순종했듯이 순종하는 것이다. 당신도 알겠지만, 엘리야는 순종의 사람이었다. 성경의 기록에 의하면, 그는 가서 여호와의 말씀대로 행하였다. 하나님께서 말씀하실 때마다 그는 가서 그분의 말씀대로 행하였다.

그렇게 했기 때문에 하나님께서는 엘리야의 기도에 응답하여 행하셨다. 그분과 엘리야가 함께 일을 풀어나갔다. 그분이 "엘리야야, 이렇게 행하여라"라고 말씀하셨을 때 엘리야는 달려가 그대로 행하였다. 그리고 엘리야가 "오, 하나님, 이렇게 해주소서!"라고 말씀드렸을 때 그분은 달려가 그대로 행해주섰다. 그분과 엘리야가 함께 일할 수 있었던 것은 엘리야가 그분의 말씀에 따랐기 때문이며, 그분이 엘리야의 말을 들어주셨기 때문이다.

하나님은 순종하는 사람들을 찾으신다. 내가 말하는 순종은 단지 '수동적 순종'이 아니라 '적극적 순종'이다.

오늘날 그리스도의 교회는 수동적 순종 때문에 저주를 받는다. 수동적 순종은 사실상 불순종이다. 우리는 "당신의 뜻을 이루소서, 당신의 뜻을 이루소서"라고 찬송하면서도 행동은 전혀 하지 않는다. 그러면 안 된다! 당신은 순종해야 한다! 당신이 일정 액수의 돈을 기부하기를 주님이 원하신다면 수표를 발행하라. 수표장을 당신의 가슴에 끌어안고 "주여, 당신의 뜻을 이루소서"라고 찬송하지 말라. 수표에 사인하라. 당신이 기도회에 가는 것이 하나님의 뜻이라면, 슬리퍼를 신고 "당신의 뜻을 이루소서"라고 노래하는 짓을 하지 말고 기도회에 가라! 비가 온다면 어떻게든 방법을 찾아내어 기도회에 가라. 하나님은 엘리야처럼 순종하는 사람을 찾고 계신다.

4. 하나님을 붙드는 믿음

나는 하나님께서 엘리야처럼 믿음으로 충만한 사람들을 찾고 계신다고 믿는다. 여기서 내가 말하는 믿음은 결사적으로 하나님을 붙드는 믿음이다. 많은 이들은 마르다 같은 믿음을 갖고 있다. 마르다는 "마지막 날 부활 때에는 다시 살아날 줄을 내가 아나이다"(요 11:24)라고 말했다. 그러나 주님은 "너의 그런 믿음은 역사하는 믿음이 아니다. 나는 네 오라비가 지금 당장, 지금 당장 살아날 것이라고 네가 믿기를 원한다"라고 말씀하셨다.

엘리야도 처음에는 장미꽃으로 장식된 길을 찾았겠지만, 결국에는 믿음과 순종의 거친 생명의 길을 걸었다. 그는 자기 자신을, 흔히 말하듯이 '벼랑 끝'에 세웠다. 그렇게 하려면, 위험을 무릅쓰는 믿음이 있어야 했다. 바로 그런 믿음이 우리에게 필요하다.

5. 끝까지 드리는 기도

끝으로, 하나님은 엘리야처럼 기도하는 사람을 찾으신다. 그는 기도하고, 기도하고, 또 기도했다. 그는 기도를 위해 살았고, 기도하는 가운데 명령했고, 필요한 것을 기도로써 구했다. 우리는 "엘리야의 하나님 여호와는 어디에 계신가?"라고 한탄하지만, 그것은 "그 좋았던 시절은 어디로 갔는가?"라며 탄식의 노래를 부르는 것과 다를 바 없다.

그래서는 안 된다! 우리에게 필요한 것은 '그 좋았던 시절'이 아니다. 우리는 그 좋았던 시절의 '하나님'을 찾아야 한다!

우리의 전원 콘센트에서는 전류가 흐른다. 그 콘센트에서 나오는 전류는 아무 소리도 내지 않지만, 그것이 주는 동력은 당신의 진공 청소기와 라디오를 작동시키고, 당신의 음식을 요리해주고, 당신의 전기 면도기에게 전기를 공급해주고, 당신의 전동식 잔디 깎는 기계를 작동시킨다. 이 모든 것들이 콘센트에서 나오는 전기 때문에 가능하다. 그런데 그 전기를 이용하려면 한 가지 조건을 충족시켜야 한다. 그 조건은 바로, 콘센트에 플러그를 꽂는 것이다! 그렇게 하면 전기의 엄청난 힘이 바쁘게 활동하기 시작한다!

전능의 하나님은 멀리 계시지 않고 여기에 계시지만, 사람들은 "그분의 말씀이 들리지 않는다"라고 말한다. 물론 그들은 듣지 못한다. 나도 듣지 못한다. 하지만 그분은 여기에 계시다. 내가 어떻게 아느냐고? 안다! 내가 조건들을 충족시키면 능력을 얻기 때문이다! 전기는 볼 수도 없고 그것의 소리를 들을 수도 없지만, 전등에 불이 들어오는 것을 보면 전기의 존재를 알 수 있다!

지금 여기에 계시며 기다리신다

엘리야의 하나님은 오늘날 우리의 하나님이시다. 그분은 예수 그리스도의 하나님이시며 아버지이시다. 그 하나님은 기적을 이루시는 하나님이시지만, 그러기 위해서는 조건들이 충족되어야 한다. 바로 믿음과 순종이다! 믿음과 순종을 전능의 하나님께 드려라. 그러면 엘리야처럼 능력을 얻게 될 것이다.

엘리야의 하나님 여호와께서는 지금 여기에 계시며 기다리신다. 두려움 없는 사람들을! 거룩하게 헌신한 사람들을! 순종하는 사람들을! 믿음으로 충만하여 기도하는 사람들을! 그런 사람들을 발견하시면, 그분은 과거에 그와 같은 사람들을 위해 행하셨던 것을 그들을 위해서도 행하기 시작하실 것이다.

그러므로 담대히 일어나 "오, 주 하나님! 우리를 도우소서!" 라고 기도하자. 어제에 대한 얘기는 이제 그만 하고, 우리의 내일의 가능성들에 대한 얘기를 시작하자.

＊

　지하 감옥과 불과 칼에도 불구하고

　여전히 살아 있는

우리 선조의 믿음!

이 영광스런 단어를 들을 때마다,

오, 우리의 마음이 넘치는 기쁨으로

거세게 뛰나이다!

우리 조상의 믿음! 거룩한 믿음!

우리는 죽을 때까지

당신께 충실할 것이나이다.

—

프레더릭 W. 페이버(1814~1863), 헨리 F. 헤미(1818~1888)
〈우리 조상의 믿음〉

chapter

18

___

엘리야에게 불로
응답하시다

엘리야가 모든 백성에게 가까이 나아가 이르되 너희가 어느 때까지
둘 사이에서 머뭇머뭇 하려느냐 여호와가 만일 하나님이면 그를 따르고
바알이 만일 하나님이면 그를 따를지니라 하니
백성이 말 한마디도 대답하지 아니하는지라 왕상 18:21

아버지! 하나님의 영, 즉 당신의 영, 즉 아버지와 아들의 영
께서 이 태고적부터의 진리를 취하시어 우리의 양심 위에 능
력의 말씀으로 부어주시기를 간구하나이다. 주여, 오랫동안
우리에게 진리가 없어 지극히 곤고하여 지금 당신께 간구하
오니, 오, 부활의 주 예수님, 당신의 말씀을 확증해주소서.
당신의 말씀이 진리임을 확증하기 위해 당신의 사자(使者)
들의 회의를 소집하소서.

열왕기상 18장은 이스라엘 역사의 우울한 한 시기를 다룬다. 그 시기에 이스라엘 민족이 해야 했던 것은 최고의 의(義)에 거하며 개인의 삶과 행위를 이끌어나가고 지극히 높으신 하나님을 지극히 순수하게 경배하는 것이었지만, 그렇게 하지 못했다. 하나님께서 그들과 언약을 맺으시고 그들에게 율법과 특권들을 주셨지만, 그들의 삶은 그분의 뜻과 끊임없이 충돌했다. 그렇게 되도록 만든 주요 원인은 이세벨이었는데, 나는 그녀를 '시돈의 요부(妖婦)'라고 부르고 싶다.

이스라엘의 딜레마

이세벨은 이스라엘의 왕 아합의 아내였다. 아합이 좋은 왕은 아니었지만, 그래도 일정 기간 동안 왕의 자리에 있었다. 그의 아내는 유대인이 아니었다. 그녀는 시돈 왕의 딸이었기 때문에 시돈 사람이었고, 바알을 섬기는 바알 숭배자였다. 아합은 유대인이었기 때문에 크신 하나님 여호와, 즉 '스스로 계신 분'을 섬기는 사람이었어야 했다. 바알 숭배자들이 지극히 높으신 하나님을 대적했지만, 아합은 시돈 왕가 출신의 아내를 원했기 때문에 이 예쁜 이세벨을 택하여 결혼한 것으로 보인다.

바알 숭배는 잔인하고 부도덕한 의식을 거행했다. 이세벨은 당시 전도자였는데, 여호와 하나님, 품위, 그리고 의(義)를 전한 것이 아니라 바알과 악을 전했다.

그런 상황에서 이스라엘 민족은 도덕적 딜레마에 빠질 수밖에 없었다. 이스라엘 왕가의 왕은 히브리인이었지만, 그의 아내는 시돈 사람이었다! 게다가 왕은 적어도 명목상으로는 여호와 경배를 따랐지만, 왕비는 바알 숭배에 아주 적극적이었다.

이것을 생각할 때 아주 신비로운 성경 한 구절이 머리에 떠올랐다. 이런 말을 하는 나를 가리켜 '신비주의자'라는 비난이 쏟아질지도 모르겠지만, 그래도 나는 이 구절에 대해 할 말이 많다. 그 구절은 요한복음 1장 9절이다. 이 구절에 의하면, 그리스도는 세상에 오는 각 사람에게 빛을 비추어주시는 '참 빛'이셨다. 그러므로 성경과 하나님과 복음에 대해 들어본 적도 없고 계시 종교와 관련된 것에 대해 알지도 못하는 이들에게도 우리가 상상하는 것 이상으로 빛이 있다. 이것은 모든 이들이 '참 빛'에 의해 어느 정도 빛을 받아서 선악을 어느 정도 구별한다는 사실에서 증명된다.

만일 당신이 마음이 삐뚤어진 정치인이나 남편을 다섯이나

가진 여배우 때문에 스트레스를 받는다면, 시선을 돌려 선한 사람들을 보라. 당신이 알고 있는 그 선한 사람들에 대해 하나님께 감사하라. 때로 당신이 가치 없는 사람이라고 느껴질 때에도, 때로 당신이 전혀 그리스도인이 아닌 것 같은 감정에 지배당할 때에도, 당신의 믿음은 견고히 살아 있으며, 당신은 자신이 누구인지를 알고 있다. 당신의 닻은 인생의 폭풍우 속에서도 견고하다.

제대로 된 것이 하나도 없는 것 같을 때에는 무릎을 꿇고 종이 위에 이름들을 적어보라. 당신이 알고 있는 선한 사람들의 이름을! 그들의 가치를 꿰뚫어볼 수 있는 능력을 주신 하나님께 감사하라.

더 이상 머뭇거리지 말라

이스라엘은 모든 사람들에게 빛을 주는 깊은 지혜를 통해 선악을 구별해야 했지만 그렇지 못했다. 다른 민족들에게는 주어지지 않았던 신적 계시(성경)를 받은 하나님의 백성이 이스라엘이었다. 이스라엘은 무엇이 옳은지, 누구를 경배해야 할지, 그리고 어떻게 살아야 할지를 마땅히 알았어야 했지만, 그들에게 도덕과 경배의 기준을 세워준 것은 다름 아닌 이세벨이었다. 당시 이스라엘 사람들은 이세벨의 옷 입는 스타일과 생활 방식을 따랐다. 또한 그들은 그녀의 경배를 그대로 따랐다. 너무 약하고 겁이 많아서 하나님께 순종하지 못했고, 세상의 풍조에 따르는 것을 더 편하게 여겼기 때문이다. 세상의 풍조에 따르는 것이 언제나 가장 편하지 않은가?

당신이 그리스도인이 되려고 한다면 시류에 저항하는 것을 배워야 한다. 하나님의 음성을 듣는 법을 배우고 '들리지 않는 북'의 소리에 주의를 기울이는 법을 배워야 한다. 어떤 이들은 그리스도인들의 행렬에 참여하지 않고 다른 행렬을 따라 함께 행진한다. 그러나 세상의 음악에 맞추어 행진하는 세상은 잘못된 방향으로 가고 있다는 것을 기억하라.

우리는 결정을 내려야 한다. 나의 종교 생활이 하나님에게서 온 것인가? 내 종교 속에 하나님이 계신가? 성경은 사실인가? 지옥은 정말 있는가? 천국도 정말 있는가? 우리는 시류에 따라 다른 모든 사람들이 하는 대로 따라하는 것은 아닌가? 이런 모든 문제들에서 우리는 결정을 내려야 한다.

내가 이미 말했듯이 이스라엘은 딜레마에 빠져 있었다. 그런 상태에서는 당연히 누구도 마음이 편할 수 없다. 악대(樂隊)가 인도하는 행진에 합류할 때에도 사람의 마음속 깊은 곳에서는 '이것은 천국으로 가는 길이 아닌데…'라는 생각이 떠오를 것이기 때문이다. 이런 경우, 우리가 속아서 매우 귀중한 것을 빼앗기고 있다는 것을 의식하기 때문에 근심하게 된다. 자신의 영혼을 부끄럽게 한다는 것을 알기 때문에 깊은 수치심을 느낀다. 그러나 슬프게도 그런 근심과 수치심을 쾌락으로 덮어버리고 만다! 그는 자기가 하나님의 거룩한 법을 어긴다든 것을 알기 때문에 두려움을 느끼지만, 결국 그가 어떤 선택을 하느냐는 그가 빛을 얼마나 받았느냐에 따라 좌우된다.

우리는 바알을 섬길 것인가, 아니면 여호와를 섬길 것인가? 우리는 "너희가 어느 때까지 둘 사이에서 머뭇머뭇 하려느냐 여호와가 만일 하나님이면 그를 따르고 바알이 만일 하나님이면 그를 따를지니라"(왕상 18:21)라는 말씀을 우리 자신에게 적용해야 한다.

나는 이 시대의 종교가 바알 종교라고 말하고 싶다. 사랑, 인류의 연합, 그리고 세상의 형제애를 입으로는 말하지만, 그 무엇에 대해서도 책임지지 않는 것이 바알 종교다. 좋은 말을 입 밖에 내고 경건한 사람인 것처럼 말하면, 자기 마음대로 아무 짓이나 할 수 있다는 것이 바알 종교다. 그런 사람에게는, 하늘만이 한계선이다. 도덕, 의, 경건 같은 것은 요구되지 않는다. 그래서 "우리 모두는 동일한 목적지로 가고 있는데, 그곳에 이르는 길이 서로 다를 뿐입니다"라고 말하기만 하면, 우리 마음대로 살아도 된다는 것이 바알 종교다. 이런 말은 매우 깊은 영성을 담고 있는 것처럼 들리지만, 바알을 숭배했던 여자 이세벨의 입에서 나오는 말이다.

이 여자는 사람들에게 "유대인 여러분, 바알에게도 좋은 점들이 있다는 것을 모릅니까?"라고 말했다. 물론, 좋은 점들이, 있을 것이다. 바알을 숭배하기 위해 벌이는 난잡한 파티와 악한 의식(儀式) 같은 것들 말이다. 이세벨 당시의 사람들은 이런 것들에 대해 괜찮다고 말했다. 지금 우리의 사고방식도 그들의 사고방식과 다를 바 없다.

깊이 없는 얄팍한 약속

바알이 주겠다고 하는 것은 무엇인가? 깊이 없는 얄팍한 경향을 보이는 세상의 종교들은 무엇을 주는가? 몇 가지가 있다.

바로 순응적 삶과 관습적 재미다. 그것들은 "당신이 내 말대로 행하면, 당신이 고분고분해져서 많은 이들과 잘 지내게 되면 큰 재미를 볼 수 있다"라고 말한다. 그러나 여호와, 그분은 힘들고 선한 길로 당신을 부르셨다. 힘들고 선한 그 길은 지금 당장은 대가를 치르게 하지만 우리에게 영원한 보상을 준다.

바알이 주는 것은 무엇인가? 세상은 무엇을 주는가? 우리는 세상에 굴복할 것인가? 세상이 주는 것이 정말 무엇인가? 세상은 당신에게 줄 것을 아주 많이 갖고 있다고 유혹할 것이다. 하지만 비극적인 일이 터지면, 세상은 당신에게 전혀 도움이 못 된다.

사람들은 복음에서 이것저것을 잘라내버렸다. 그리고 그 복음은 한 영혼도 구원하지 못했다. 그리스도께서는 축소되고 희석되고 편집된 종교를 세우기 위해 죽으신 것이 아니다. 저기 보이는 저 천국을 가득 매우게 될 사람들은 동행인의 도움을 받아 험한 곳을 통과해야 했던 약골들이 아니다. 그곳을 가득 채우게 될 사람들은 병사, 순교자, 꿈꾸는 자, 선지자, 법을 지킨 자들이다. 그들은 자기의 하나님과 자기의 세대를 사랑하면서, 힘들지만 선한 삶을 살다가 죽었다.

우리는 결정을 내려야 한다. 세상이 가는 길로 가려는가? 이세벨은 세상의 길로 가라고 유혹할 것이다. 당신은 그 유혹을 어떻게 이길 것인가?

바알이 사람들에게 주겠다고 내미는 것들은 많다. 이 사실을 인정하는 것이 차라리 지혜롭다. 나는 어떤 설교자들이 "죄는 무거운 짐입니다. 등에 진 무거운 짐처럼 죄의 짐은 사람들을 짓누릅니다. 죄에는 기쁨이 없습니다"라고 설교하는 것을 들었다. 그러나 죄는 쾌락을 주기도 한다. 물론, 우리는 그 쾌락을 단호히 거부하고 여호와를 따라야 한다. 나라가 악해지고 사회의 상태가 나빠질수록 죄를 끊어버리기가 힘들어지기 때문에, 더 큰 대가를 치러야 죄의 쾌락을 거부할 수 있다.

결코 떠나지 않으실 분을 붙들라

마음을 정하라. 뜨겁지도 않고 차지도 않은 중간 지대에 머물지 말라. 계속 거기에 머물러 있으면 하나님께서 당신을 그분의 입에서 토하여 버리실 것이다. 하나님께서 구토를 느끼시는 경우가 성경에 딱 한 번 나오는데, 그것은 하나님을 섬길지 아니면 바알을 섬길지를 결정하지 못하고 있는 사람들을 상대하실 때였다. 내가 볼 때, 하나님은 그분을 경배하기를 두려워하면서 선과 악 사이에서 떨며 이러지도 못하고 저러지도 못하는 사람보다는 차라리 바알의 난잡한 제단 앞에 무릎 꿇고 있는 바알 숭배자를 더 존중해주실 것 같다.

이런 얘기가 당신에 대한 얘기로 들리는가? 만일 그렇다면, 하나님은 당신 때문에 구토를 느끼신다고 말씀하실 것이고, 당신을 그분의 입에서 토하여 버리실 것이다.

여호와가 하나님이시라면, 그리고 예수 그리스도께서 정말 "와서 네 십자가를 지고 나를 따르라"라고 말씀하셨다면, 장차 심판이 있을 것이다. 하나님은 모든 이들의 생각과 행위에 따라 그들의 마음을 심판하실 것이다. 당신은 바알과 함께 재미를 보았는가? 그렇다면 그것에 대해 대가를 치를 날이 찾아올 것이다. 당신이 유혹을 받아 곁길로 빠질 때마다 기억해야 할 것이 있다. 당신을 그릇된 길로 이끌고 간 자는 당신이 파멸에 빠질 때 전혀 도움을 주지 못할 것이다!

가룟 유다는 그리스도를 배반하여 제사장들에게 그분을 팔았지만, 결국 그들에게 버림받았다. 그분을 팔고 난 후 유다는 강한 양심의 가책을 느껴 그들을 찾아가 "이 돈을 돌려주겠소"라고 말했지만, 그들은 그 돈을 받기를 차갑게 거절하며 "그것이 우리에게 무슨 상관이냐"(마 27:4)라고 말했다. 그렇다! 언제나 그렇게 돌아간다. 사람들은 당신을 잘못된 길로 이끌고 들어가지만, 결국에는 당신을 버릴 것이다!

그러나 우리는 감사할 수밖에 없다. '예수'라는 분은 우리를 옳은 길로 이끌어주시며 결코 떠나지 않으시기 때문이다.

바알 숭배자들은 재미를 보았지만, 그들의 내면은 깨끗해질 수 없었다. 당신은 언젠가 죽을 것인데, 당신이 깨끗한 양심을 갖고 죽기를 원한다고 나는 믿는다. 어떻게 해야 깨끗한 양심을 갖고 죽을 수 있을까? 예수 그리스도의 피가 당신을 모든 죄에서 깨끗게 한다!

당신이 바알을 당신의 신으로 여긴다면 그를 섬기는 길로 달려가겠지만, 이것 하나는 기억하라. 바알이 당신의 죄를 사하지 않을 것이고 당신의 내면을 깨끗게 하지 못할 것이다! 당신은 그 '정결의 과정'을 통과하도록 이끌어줄 누군가를 원하는가? 바알은 그렇게 해줄 수 없다. 바알은 토요일 밤에 화끈하게 놀게 해주지만, 일요일 아침에 숙취로 고생하는 당신을 버려두고 떠날 것이다. 결국 바알은 당신을 고통에서 건져주지 못한다.

언제나 나는 기도하며 하나님을 바라본다. 때때로 실수하지만, 계속 그분께 나아간다. 그분을 아는 일에 있어서 나보다 나을 것도 없는 사람들의 조언을 들으려고 이곳저곳을 뛰어다니지 않는다. 하나님의 이름이 '모사'(Counselor)라고 불릴 것이라는 예언이 성경에 나온다. 주 예수 그리스도는 볼 수 없는 자들을 인도하시는데, 그때 그분은 그들조차 모르는 방법을 통해 인도해주신다. 그분은 그들이 가본 적이 없는 길에서 그들을 이끌어주신다. 그들이 올바로 생각할 수 없을 때, 그들 앞에 있는 어둠이 빛으로 변하게 하신다. 이런 모든 것을 그분이 행하신다.

만일 당신이 바알을 선택한다면, 참 하나님이 아닌 다른 존재를 선택한다면, 당신은 모사, 즉 보혜사 없이 살아가야 한다. 바알을 선택한다면, 당신의 길을 지도해줄 분 없이 살아가야 한다. 세상을 선택하면, 깨끗게 됨과 죄 사함 없이 살아가야 한다.

예수 그리스도를 찾으라

세상이 끝나면 그 다음에는 내세가 기다리고 있다. 나는 내세에 대해 생각하기를 좋아한다. 무엇인가를 얻으려고 할 때 그것을 즉시 얻기를 원하는 것이 인간의 본능이다. 그러나 저기 밖에서, 즉 내세에 무엇이 기다리고 있는지를 모른 채 인생을 마치는 사람은 완전히 바보다. 나는 저 밖에 있는 것에 관심이 많다.

선한 사람들은 내세를 기대하며 살아간다. 나는 전능하신 하나님 아버지를 믿는 내 믿음을 전혀 부끄러워하지 않는다. 나는 그분뿐만 아니라 그분의 아들 우리 주 예수 그리스도를 믿고, 성령을 믿고, 죄 사함과 영생을 믿는다.

그런데 바알 종교는 이것을 가르치지 않는다. 저 밖의 세상도 이것을 가르치지 않는다. 말만 그럴듯하게 하는 저 세상, 즉 텔레비전을 통해 당신의 집 안으로 들어오는 저 세상도 이것을 가르치지 않는다. 저기 있는 극장도, 저 밖에 있는 사람들도 가르치지 않는다. 오직 예수님만 가르치신다! 그분은 "나로 말미암지 않고는 아버지께로 올 자가 없느니라"(요 14:6)라고 말씀하셨다.

그러므로 만일 당신이 죄 사함, 내적 정결, 당신의 삶을 이끌어줄 능력, 당신을 위한 저 위의 대언자(代言者) 하나님, 당신에게 세세히 잘 가르쳐줄 수 있는 모사, 궁극적 평안, 그리고 아버지 집의 거처를 원한다면 나는 지금 당신에게 예수 그리스도를 찾으라고 권하는 바이다.

열왕기상 18장의 사건은 바알 숭배자들이 그들의 신에게 부르짖었지만 아무 응답도 없었다는 것으로 마무리되었다. 그들은 온 종일 기도하고 자기들의 몸을 상하게 하였지만 아무 일도 일어나지 않았다. 그런 다음 엘리야가 지극히 높으신 하나님께 기도하자 즉시 불이 내려왔다. 하나님은 엘리야에게 믿음이 있다는 것을 확인해주셨고, 그의 순종을 증언해주셨다. 그분은 당신에게도 똑같이 해주실 수 있다!

*
이제 수정 같은 샘을 열어,

거기서 치유의 샘물이 흐르게 하소서.

저의 길을 다가도록

불과 구름 기둥이 인도하게 하소서.

강하신 구원자시여, 강하신 구원자시여!

당신이 계속 제 힘과 방패가 되어주소서.

—

윌리엄 윌리엄스(1717~1791), 해리 E. 포스딕(1878~1969), 존 휴스(1873~1932), 피터 윌리엄스(1722~1796)
〈오, 크신 여호와시여, 저를 인도하소서!〉

chapter

19

—

극렬한 풀무불 가운데
임재하시다

그때에 느부갓네살 왕이 놀라 급히 일어나서 모사들에게 물어 이르되
우리가 결박하여 불 가운데에 던진 자는 세 사람이 아니었느냐 하니
그들이 왕에게 대답하여 이르되 왕이여 옳소이다 하더라
왕이 또 말하여 이르되 내가 보니 결박되지 아니한 네 사람이
불 가운데로 다니는데 상하지도 아니하였고
그 넷째의 모양은 신들의 아들과 같도다 하고   단 3:24,25

"오, 아버지! 맹렬히 타는 풀무불을 제 삶 속에 만들어주신
것을 감사하나이다. 그 풀무불 속에서 저는 제 주변의 삶으
로부터 저를 갈라놓는 당신의 임재를 진정으로 체험할 수
있나이다. 당신의 이름을 찬양하나이다."

모세가 떨기나무 속의 불을 만났을 때, 그는 거기에서 하나님을 처음으로 만났다. 하나님의 임재를 처음으로 체험했다. 비록 첫 체험이었지만, 그것은 그의 남은 생애를 다 바꾸어놓았다. 그에게서 그런 변화가 일어났기 때문에 하나님은 그분의 민족을 구출해 내시기 위해 그를 사용하실 수 있었다.

그 후 여러 해가 흐른 후에 사드락, 메삭, 아벳느고에게 일어난 사건에 대한 기록이 성경에 나온다. 비록 바벨론에 포로로 잡혀간 입장이었지만, 다니엘의 친구였던 세 사람은 하나님을 알고 있었다. 느부갓네살 왕에게는 그들의 생명을 좌우할 수 있는 권세가 있었다. 적어도 그는 그렇게 생각했다.

하나님께 최고의 자리를 드린 사람들

하나님과 다니엘과 이 세 젊은이를 원수로 여겼던 자들은 그들을 제거하려고 했다. 솟아오르는 그들의 인기가 느부갓네살을 위협했기 때문이다. 이 젊은이들이 하나님께 얼마나 충성하는지를 알았던 그들은 그 충성심을 이용하여 그들을 정치적으로 몰락시키려고 했다.

다니엘서 3장 10,11절에 의하면, 누구든지 느부갓네살 왕이 세운 금 신상에게 엎드려 절하지 않으면 맹렬히 타는 풀무불 가운데로 던져 넣음을 당하게 되는 법이 만들어졌다. 느부 갓네살 왕이 그 법의 제정을 받아들인 것은 그것을 통해 그의 권력이 더욱 강해질 것이라고 믿었기 때문이다. 그러나 그가 알지 못했던 것이 있었는데, 그 금 신상에 절하지 않는 사람들이 생겨나리라는 것이었다.

결국, 금 신상에 절하지 않은 이 젊은이들은 느부갓네살 앞으로 끌려왔고, 왕은 이 젊은이들을 설득해서 당시의 풍습에 따르게 만들려고 노력했다.

이런 일은 오늘날도 일어나고 있다. 우리 주변에서 볼 수 있는 느부갓네살 같은 사람들은 그 누구에게도 당혹감을 불러 일으키지 않도록 교회가 이 시대의 풍조에 순응하기를 바란다. 그러나 다니엘서에 나오는 이 젊은이들은 하나님에게 최고의 자리를 드렸다. 그들은 그 무엇도, 심지어 죽음도 그들의 '하나님 제일주의'를 무너뜨리도록 허락하지 않았다.

몇 번에 걸쳐 느부갓네살은 이 젊은이들에게 금 신상에게 절하는 일이 아무런 문제가 없을 것이라고 설득하려 했다. 그는 그들에게 "너희가 얼마든지 너희 하나님을 섬겨도 좋다. 다만, 나를 위해 이 신상 앞에 엎드려 절하면 안 되겠니?"라고 말했을 것이다. 그의 이 말 속에는 '무엇보다 중요한 것은 서로 상

생하는 것이다. 신상에 절한다고 해도 문제가 생기지 않는다'
라는 뜻이 들어 있다.

왕은 자기가 그들의 마음을 돌려놓을 수 있을 것이라고 생
각했지만, 하나님을 향한 그들의 성실함을 알지 못했다. 하나
님을 섬기는 일이 그들에게는 목숨보다 더 소중했다.

왕은 그들이 그의 말을 듣지 않으면 맹렬한 풀무불에 던져
져 죽임을 당할 것이라고 위협했다. 나는 사드락, 메삭, 아벳
느고가 맹렬한 풀무불을 두려워했을 것이라고 믿는다. 하지
만 맹렬한 풀무불에 대한 두려움과 느부갓네살 왕을 향한 충
성심보다 더 그들의 마음을 사로잡은 것은 하나님을 향한 성
실함이었다.

다니엘서 3장 17,18절은 우리에게 매우 중요하다.

"왕이여 우리가 섬기는 하나님이 계시다면 우리를 맹렬히
타는 풀무불 가운데에서 능히 건져내시겠고 왕의 손에서도 건
져내시리이다 그렇게 하지 아니하실지라도 왕이여 우리가 왕
의 신들을 섬기지도 아니하고 왕이 세우신 금 신상에게 절하
지도 아니할 줄을 아옵소서"(단 3:17,18).

결국 참다못한 느부갓네살은 자기의 체면을 지키기 위해서
라도 이 세 젊은이를 맹렬한 풀무불에 던져 넣지 않으면 안 되

었다. 그가 마음으로는 그렇게 하기를 원하지 않았다고 믿는다. 그는 그들의 지혜를 높이 평가하고 있었으며, 그들은 당시 실제로 바벨론에 크게 기여하고 있었기 때문이다.

하나님의 일하심을 보다

이 사건에서 아주 흥미로운 것은 그 세 젊은이를 묶어서 풀무불 속으로 던진 사람들은 불에 타 죽었지만, 정작 그 셋은 죽지 않았다는 것이다.

내가 볼 때, 여기에서 드러나는 하나님의 메시지는 이것이다. 우리가 그분을 신뢰하면 그분이 우리의 원수를 멸하신다는 것이다. 우리의 원수는 우리를 멸하려고 한다. 그러나 결국 그 원수는 우리가 전에 결코 체험하지 못했던 하나님을 체험하도록 해주는 결과를 만들어낸다.

격노에 사로잡힌 느부갓네살은 풀무불을 평소보다 칠 배나 더 뜨겁게 하였다. 물론 그 불은 세 젊은이를 불 속으로 던지던 사람들을 죽였다. 불길은 세 젊은이의 손과 발을 묶고 있는 것들을 태웠지만, 그들은 태우지 못했다.

느부갓네살은 불 속을 들여다보고 매우 놀랐다. 세 사람이 아니라 네 사람이 불 속에서 걷고 있었고, 그 넷째의 모양이

신들의 아들과 같았기 때문이다. 평소보다 칠 배 더 뜨겁게 만들어 맹렬히 타오르는 풀무불 속에서 세 젊은이는 정말로 하나님의 임재를 체험했다. 성경에 의하면, 마침내 그들이 풀무불에서 나왔을 때 그들에게서는 연기 냄새도 나지 않았고, 그들의 몸과 옷에는 불탄 자국조차 없었다.

역설적이게도, 그들로 하여금 하나님의 일하심을 볼 수밖에 없도록 만든 것은 그들이 처한 극한 상황이었다!

만일 내가 그때 살았더라면, 나는 그런 일을 겪은 그들에게 그들의 체험이 그들에게 무슨 의미인지, 또 그것이 그들의 삶을 어떻게 바꾸어놓을 것인지를 기꺼이 말해주었을 것이다. 그들은 하나님을 체험했다! 그분은 풀무불 속에 계셨다! 바벨론 사람들 편에 서지 않으시고 그들의 편에 서셨다!

선명한 임재의 체험

우리가 그분의 임재를 체험하려고 한다면, 그분이 우리에게 말씀하실 수 있는 곳에 우리가 있어야 한다. 느부갓네살의 불은 결과적으로 원수들을 멸했고, 세 젊은이를 묶고 있던 속박을 끊었으며, 그들로 하여금 하나님을 볼 수 있게 해주었다. 그들은 하나님의 임재의 복을 누렸다. 성경에 의하면, 그들은 풀무불 안에서 이리저리 거닐었다. 제정신이라면 누가 용광로 속에서 이리저리 걸어 다니겠는가?

하나님의 임재를 체험한 사람들만이 느부갓네살의 풀무불이 이 세 젊은이에게 무엇을 주었는지를 알 수 있다. 풀무불 사건으로 인하여 그들은 하나님의 임재가 그들의 삶 속에서 현실로 나타날 수 있다는 것을 더욱 확신하게 되었다. 우리가 아는 한, 그들에게 풀무불 사건은 다시 일어나지 않았다. 사실, 그런 일은 더 이상 필요가 없었다. 그들의 하나님 체험이 그들의 마음에 결코 잊을 수 없는 깊은 각인을 새겨놓았기 때문이다. 그들의 체험은 그들에게 무슨 일이 닥쳐도 그분이 함께 계시다는 것을 너무나 분명하게 마음에 새겨주었다.

하나님께서는 우리의 삶 속에 그분의 임재에 대한 확신을 더 깊이 심어주기 원하신다고 나는 믿는다. 내가 그분께 전심으로 온전히 헌신할 때, 그분은 나와 그분과의 관계를 인정해주시는 단계까지 나아가실 것이다.

평생 그리스도인으로서 살았더라도, 그분의 임재가 그들 가운데 있었다는 불같은 확증을 갖지 못하고 있다면 참으로 비극적인 일이다!

그러므로 우리는 성령의 능력 안에서 앞으로 나아가야 한다. 성령의 능력은 우리의 원수들을 멸하고, 우리를 모든 속박에서 해방하는 하나님의 불이 될 것이다. 그렇게 되면, 우리는 하나님의 아들과 함께 여호와께 찬양과 경배를 드리며 살게 될 것이다.

＊

기도 중에 주 앞에서 낮아지게 하시고,

우리의 영혼에 믿음을 불어 넣으소서.

약속하신 성령과 불을

믿음으로 주장할 수 있을 때까지,

그리 하소서.

—

폴 레이더(1879~1938)

〈옛날의 능력〉

하나님의 분명한 임재가
주는 복

우리를 위하여 여우 곧 포도원을 허는 작은 여우를 잡으라

우리의 포도원에 꽃이 피었음이라

내 사랑하는 자는 내게 속하였고 나는 그에게 속하였도다

그가 백합화 가운데에서 양 떼를 먹이는구나 아 2:15,16

❝제 삶 속에 나타난 당신의 분명한 임재로 인하여, 오! 주여,

제가 당신을 위해 살기를 매우 기뻐하나이다. 제 삶이 주변

세상에 당신의 임재를 매일매일 전하게 하소서.❞

이제까지 나는 우리가 그분의 임재를 체험해야 한다고 강조해왔다. 그분의 임재에 대하여 아는 것만으로는 충분하지 못하다. 불타는 떨기나무 앞에 이르기 전에도 모세는 그분의 임재에 대하여 알고 있었다. 하지만 그의 남은 인생을 완전히 바꾸어놓을 그분의 임재를 실제로 체험한 것은 불붙은 떨기나무 앞에서였다.

오랜 시간이 지나도 영적 무지(無知)에서 깨어나지 못하는 일이 실제로 일어날 수 있다고 성경은 우리에게 분명히 경고한다. 우리는 우리가 모르는 것 때문에 영적 파산에 이를 수도 있다는 것을 알아야 한다.

우리가 하나님의 임재를 체험할 수 있다는 것을 이해하고 깨닫는다 해도, 그분의 임재를 자동적으로 삶 속에서 체험하는 것은 아니다. 그분의 불같은 임재를 통해 그분을 체험하게 되면 우리의 삶이 큰 영향을 받지 않을 수 없는데, 그 체험이 주는 유익들은 우리의 이해력을 모두 동원해도 다 깨달을 수 없다.

임재 체험이 주는 유익

그렇다면 그분의 불같은 임재를 체험할 때 얻을 수 있는 복에는 어떤 것들이 있을까?

1. 악을 억제한다

하나님의 임재 안에 날마다 거하는 것이 주는 유익들을 생각할 때 내 머리에 제일 먼저 떠오르는 것은 그분의 임재가 악을 억제한다는 것이다.

인간의 마음은 절망적일 정도로 사악하다. 그것에 대한 증거를 굳이 요구할 필요가 없다. 그 증거는 우리 주변에만도 넘치기 때문이다. 우리 인간은 정도(正道)를 떠나 방황하는 기질을 갖고 있다. 이 말을 반박할 수 있는 증거를 찾아보라. 아마 찾지 못할 것이다. 우리가 정신을 바짝 차리지 않으면, 그때그때 우리의 삶에 영향을 주는 것들에 휘둘려 정처 없이 방황하게 된다.

그러므로 우리 삶의 훈련에 도움이 되는 것이 있다면, 그 어떤 것이라도 환영해야 한다. 훈련받지 못한 채 삶의 길을 걸어가면, 올바른 방향을 못 잡고 헤매게 된다. 25년 동안 그리스도인으로 살아오다가도 갑자기 하나님에게서 멀리 떨어져 있는 자신을 발견하게 되는 사람들이 얼마나 많은가! 그런 사람들은 방황의 삶을 살아온 것이다. 그들은 하나님의 분명한 임재가 아니라 어떤 다른 것의 영향 아래에서 살아온 것이다. 그런 사람들에게는 정말 경종(警鐘)을 울려줄 필요가 있다.

하나님의 임재가 우리의 마음속에 두려움을 불러일으키는데, 두려움은 우리 인간의 많은 행위들의 바탕에 깔려 있는 진정한 동기다. 인간은 두려움 때문에 어떤 일들을 행하기도 하고, 또 거부하기도 한다. 두려움은 우리가 그리스도인으로서 훈련의 삶을 살아갈 때에도 나름의 역할을 한다. 우리가 하나님의 임재 안으로 들어가면 경외와 두려움의 감정이 우리의 삶에 들어오게 되는데, 그런 감정은 삶 속에서 사람들을 억제하는 역할을 하기도 한다.

많은 이들은 삶 속에 임한 하나님의 불같은 임재가 아니라 그들의 습관에 의해 행동하다 보니 날마다 외부적 압력에 눌려서 살아간다. 그들은 그분을 체험하지 못했기 때문에 그분을 두려워하지 않는다.

경찰관이 있는 곳에서는 도둑도 도둑질을 하지 않는다. 하나님의 임재 안으로 들어갈 때 생기는 압도적 두려움이 우리 삶 속의 악을 억제한다는 것을 알아야 한다.

2. 게으름을 쫓아버린다

하나님의 불같은 임재는 게으름을 쫓아버린다. 종은 그의 주인이 있는 데에서는 빈둥거리지 않는다. 오히려 주인에게 잘 보이려고 계속 부지런히 일하려고 할 것이다. 이처럼 하나님의 임재 안으로 들어가면, 게으름을 떨쳐버리고 마음에 자극을 받아 그분을 따르게 된다.

게으름은 재앙이다. 특히 오늘날 기독교에서는 더욱 그렇다! 게으름은 악이 끼어들 수 있는 틈을 만들어준다. 하나님의 임재 안으로 들어가지 못해서 생기는 게으름 때문에 우리는 그분이 우리에게 원하시는 일을 하지 못하게 된다. 해야 할 중요한 일이 있다는 것을 알면서도 뒤로 미루는 습관이 있는 우리는 내일까지 기다렸다가 그 일을 해야 할 이유들을 아주 잘 생각해낸다.

게으름은 우리의 영혼을 약화시키고 부패시킨다. 우리는 하나님의 임재로 불타는 영혼이 되어야 하는데, 그런 영혼은 우리 생활 속으로 파고드는 게으름을 쫓아낸다.

일이 우리를 죽이는 것이 아니라, 안달복달하며 적응하지 못하는 것이 우리를 죽인다. 하나님이 여기에 계시다는 것을 생각하게 되면, 빈둥대지 않고 부지런히 우리 아버지의 일을 하게 될 것이다.

3. 부주의를 고친다

하나님의 임재, 즉 그분의 불같은 임재는 우리의 부주의를 고쳐주는 치료제다. 우리의 부주의는 시간과 돈과 대화와 행동의 영역에서 그리스도인의 포도원을 허는 저 작은 여우들이다.

우리는 "하나님, 주께서 저를 보고 계십니다"라고 고백해야 한다. 우리 삶 속의 부주의를 해결하는 방법은 하나님의 불같은 임재를 체험하고, 그 임재가 우리의 삶에 동기를 부여하도록 하는 것이다.

4. 용기의 원천을 얻는다

내가 또한 믿는 것은 내 삶 속에서 나타나는 하나님의 불같은 임재가 내게 큰 용기의 원천이 된다는 것이다. 교회에 담대함이 필요한 때가 있다면, 그것은 바로 지금이다. 온 세상이 우리를 대적하기 때문에 우리는 큰 용기를 갖고 분연히 일어나 세상에 맞서야 한다. 하나님께서 우리를 격려해주신다고 굳게 믿으면 평안을 누릴 수 있다.

경찰관이 우리 집을 지켜준다면 우리는 마음이 든든하고

안정감을 느껴서 편히 쉴 수 있다. 경비원들이 밖에서 지켜주면, 나쁜 일들이 일어날 것이라고 걱정하지 않는다. 어린아이가 위험에 처했을 때 호루라기를 불 수 있는 것은 그의 아빠가 가까이 있기 때문이다. 그렇다! 하나님의 임재 안으로 들어가면, 내 안에 담대한 마음이 생긴다. 이것을 아는 사람이 비단 나 혼자만은 아니다.

불붙은 떨기나무 앞에서 하나님을 만난 순간부터, 모세는 자신과 같은 체험을 한 사람이 자기뿐이 아니라고 굳게 믿었다. 하나님께서 모세에게 무슨 일을 시키셨든지 간에 그에게는 그 일을 해낼 수 있다는 담대함이 있었을 것이다. 그분이 그와 함께 계셨기 때문이다.

5. 능력을 입어 일한다

나는 하나님의 불같은 임재가 우리의 삶에 생기면 우리의 노동의 의미가 달라질 것이라고 믿는다. 하나님께서 우리와 함께 계시며, 우리를 인도하시고, 우리에게 명령하신다는 것을 이해한다면, 우리는 그분의 함께하심을 확신하게 될 것이다.

외국에서 활동하는 선교사들은 하나님이 그들과 함께 계시다는 느낌으로 충만하다. 여러 가지 죄나 잘못에 빠진 사람들 중 일부라도 돌이키기 위해 노력하는 빈민가 사역자들도 그런 느낌으로 충만하다. 순교자들, 그리고 그들과 비슷한 사람들도 그렇다.

우리는 하나님이 우리와 함께 계시다는 것을 깨달을 수 있다. 그분이 우리와 함께 계시면, 그분은 우리에게 능력을 주셔서 그분의 뜻이 이루어지게 하시고, 우리의 수고는 그분의 손안에 있게 된다. 그분은 우리를 사용하신다. 그분의 불같은 임재의 능력을 통해 우리를 깨끗게 하시어 그분을 위해 수고하게 하신다.

6. 기도와 예배가 달라진다

끝으로 나는 매우 중요한 한 가지를 언급하지 않을 수 없다. 내 삶에서 하나님의 임재의 불이 나타나면 나는 내 기도와 경배가 영예로운 것이라고 느끼게 될 것이다. 반면 그분의 부재는 내 기도와 경배에 대한 그런 느낌을 마비시키고, 얼어붙게 하고, 죽일 것이다.

우리가 하나님의 임재 안에 있으면 우리의 기도는 힘과 활력이 넘치게 되는데, 그분의 임재가 아니면 그런 힘과 활력을 도저히 얻을 수 없다. 그분의 임재는 우리의 경배에 새 힘을 불어

넣는다. 만일 내가 내 힘으로 경배한다면 무익한 일이 되고 만다. 내가 성령의 능력과 나타남 안에서 하나님을 경배하기 시작하면 그분의 임재는 내 경배가 인간의 기대를 훨씬 뛰어넘어 그분의 거룩한 임재 안으로 들어갈 정도로 내 마음속에서 불타오르게 된다.

오늘날의 교회는 하나님의 임재가 신자들의 기도생활과 예배생활에 끼치는 영향을 느껴야 한다. 내 힘으로 기도생활을 하는 것이 아니라는 것을 깨닫는 것이 정말 중요하다.

우리가 하나님 앞에서 무릎을 꿇고 이마를 바닥에 대고 기도하고, 기도하고, 또 기도해도 아무 일도 일어나지 않는 것 같을 때가 종종 있다. 그럴 경우, 우리가 원하는 방향으로 일이 풀리지 않는 것 같다고 느껴진다. 그러나 만일 우리가 우리의 삶에 나타나는 하나님의 임재의 불을 체험하기 시작하면, 우리의 기도는 달라지기 시작할 것이다.

나는 대부분의 그리스도인들이 기도하는 법을 모른다고 생각한다. 그들은 그들의 삶 속에 나타나는 하나님의 임재에 의지하여 기도하는 것이 아니다. 그들의 기도는 입에서 나오는 말일 뿐이다. 그러나 우리의 삶 속에서 하나님의 불같은 임재를 체험하면 우리의 기도는 그 임재와 하나로 합쳐지기 시작하고, 그 결과 우리는 더 이상 우리의 힘으로 기도하지 않고, 우리의 삶 속에 나타난 하나님의 임재에 힘입어 기도하게 된다.

나는 예배에 대해 훨씬 더 많은 것을 얘기하고 싶다. 우리의 예배가 하나님으로부터 나오는 예배가 아니라는 것이 때때로 내 눈에 아주 분명히 보인다. 교회들은 찬송을 부르고 이런저런 일들을 하지만, 하나님의 임재를 느끼지 못한다. 하나님의 임재를 더욱 강하게 느끼는 예배가 아니라면 그분이 받으실 만한 예배가 아니다.

우리는 우리가 원하는 대로 행한다. 그런 일을 할 때는 흥분하고, 또 열정을 발산한다. 하지만 우리의 예배가 하나님의 임재의 불로 충만하지 않다면, 하나님께서 받으시는 예배는 아니다.

날마다 하나님 임재의 불을 체험하라

이 책에서 나는 하나님의 임재가 그저 이러쿵저러쿵 말하고 끝낼 수 있는 문제가 아니라는 것을 분명히 밝히기 위해 노력했다. 그분의 임재는 우리가 체험해야 하는 것이다. 그분의 임재를 체험하면, 우리의 삶은 이제까지와는 전혀 다른 차원으로 들어갈 것이다. 하나님께서 우리를 사용하기 시작하시며, 전에 우리를 힘들게 하던 것들이 점점 줄어들기 시작할 것이다. 우리가 없애버리려고 애썼던 것들이 사라질 것이다. '하나님의 임재의 불'이라는 새로운 초점이 우리의 삶 속에 생길 것이다.

그분의 임재가 내 삶에 일으킨 변화들을 생각하면, 날마다 기쁨이 샘솟는다. 우리 한번 이렇게 도전해보자. 하나님의 임재의 불을 체험하지 못하고 지나가는 날이 하루도 없도록 하자! 그렇게 할 수 있다면, 우리의 삶에 엄청난 변화가 나타날 것이다!

✳
공중에 노래가 있고,

하늘에 별이 있고,

어머니의 깊은 기도와

아기의 낮은 울음소리가 있네!

그 별이 밝은 빛을 쏟아붓는 가운데,

그 아름다운 노래가

베들레헴의 구유 대신

왕을 얼러 재우네!

—

조시아 G. 홀랜드(1819~1881), 칼 P. 해링턴(1861~1953)
〈공중에 노래가 있고〉

하나님 임재에 압도되다

초판 1쇄 발행   2023년 7월 26일

지은이   A. W. 토저
옮긴이   이용복

펴낸이   여진구
책임편집   이영주 박소영
편집   최현수 안수경 김도연 김아진 정아혜
책임디자인   노지현 | 마영애 조은혜 이하은
홍보 · 외서   진효지
마케팅   김상순 강성민   마케팅지원   최영배 정나영
제작   조영석   경영지원   김혜경 김경희 이지수

303비전성경암송학교 유니게 과정   박정숙
이슬비전도학교 / 303비전성경암송학교 / 303비전꿈나무장학회

펴낸곳   규장

주소   06770 서울시 서초구 매헌로 16길 20(양재2동) 규장선교센터
전화   02)578-0003   팩스   02)578-7332
이메일 kyujang0691@gmail.com   홈페이지 www.kyujang.com
페이스북 facebook.com/kyujangbook   인스타그램 instagram.com/kyujang_com
카카오스토리 story.kakao.com/kyujangbook
등록일 1978.8.14. 제1-22

책값   뒤표지에 있습니다.
ISBN 979-11-6504-452-7 03230

규 | 장 | 수 | 칙

1. 기도로 기획하고 기도로 제작한다.
2. 오직 그리스도의 성품을 사모하는 독자가 원하고 필요로 하는 책만을 출판한다.
3. 한 활자 한 문장에 온 정성을 쏟는다.
4. 성실과 정확을 생명으로 삼고 일한다.
5. 긍정적이며 적극적인 신앙과 신행일치에의 안내자의 사명을 다한다.
6. 충고와 조언을 항상 감사로 경청한다.
7. 지상목표는 문서선교에 있다.

하나님을 사랑하는 자 곧 그의 뜻대로 부르심을 입은 자들에게는 모든 것이 合力하여 善을 이루느니라(롬 8:28)